Susann Redlin

Grundkurs
Kartenlegen

LUDWIG

Inhalt

*Kartenlegen kann eine meditative
Beschäftigung sein – aus ihr entwickeln
sich ungeahnte Möglichkeiten.*

Weite Reisen und große Veränderungen können sich eine lange Zeit vorher durch Karten ankündigen.

Kartenmagie 83

Risiken und Nebenwirkungen 88

Vorwort

Warum eigentlich Karten legen? Das Leben ist kompliziert – so viele Handlungen, Gefühle, Bestrebungen und Gedanken sind miteinander verwoben, beeinflussen den Lauf der Dinge, verursachen unerwartete Wendungen und verzögern, beschleunigen unsere Vorhaben. Manches kann man rational planen: Man kann Termine setzen, absprechen und absichern. Aber niemand bekommt den Zufall im Spiel des Lebens so recht in den Griff. Versucht wird es aber immer wieder. Und durchaus mit Erfolg. Das Werkzeug dafür sind die Orakel.

Der Begriff »Orakel« stammt aus dem Lateinischen und bezeichnet eine göttliche Offenbarung in Form eines Spruchs oder Zeichens.

Das Prinzip der Orakel

Orakelsysteme sind Modelle von Kräften oder Prinzipien, die in unserem Leben wirken. Die Begriffe dieser Kräfte werden mit unterschiedlichen Gegenständen in Verbindung gebracht, z. B. in Form von Karten, Stöckchen, Knochen, Steinen usw. Um sie kenntlich zu machen, werden sie häufig mit den entsprechenden Bildern und Symbolen markiert. Das Herz etwa ist das Symbol für Gefühle, die Dame das Bild einer Frau. Die Herz-Dame ist die Frau, der Sie liebevolle Gefühle entgegenbringen.

Die Orakel werden nach einem bestimmten System ausgelegt. Sie zeigen dann in ihrem zufälligen Zusammenspiel, wie sich die Situation in Bezug auf die gestellte Frage darstellt und welche Entwicklungsmöglichkeiten sich daraus ergeben. Was sie Ihnen jedoch nicht vorhersagen, ist ein unabänderliches Schicksal – weder im Bösen noch im Guten. Zukünftige Ereignisse, die Sie aus den Karten lesen, treten ein, wenn Sie an dem aktuellen Zustand nichts ändern. Verändern Sie sich oder Ihre Einstellung zu dem Problem, verändert sich auch die Zukunft.

Wenn Ihnen also die Karten einen Hinweis darauf geben, dass Sie bei einer geplanten Reise einen Unfall erleiden können, so steht es Ihnen frei, diese Reise nicht anzutreten. Wenn die Karten jedoch von einer Gehaltserhöhung sprechen, fällt es Ihnen sicher nicht schwer, Ihrem Chef oder Ihrer Chefin ein besonders freundliches Lächeln zu zeigen.

Die Herkunft der Karten

Den ersten Hinweis auf die Spielkarten findet man Ende des 13. Jahrhunderts – damals wurden sie verboten. Man geht davon aus, dass sowohl das vergnügliche Kartenspiel als auch die Benutzung der Karten als Orakel den kirchlichen Oberen höchst suspekt waren. Doch nicht alles, was verboten ist, wird auch befolgt.

Woher diese Karten stammen, verliert sich im Dunkel der Geschichte. Man vermutet, dass sie aus der islamischen Welt nach Europa kamen. Vielleicht sind sie aber viel älter. Ein Vorläufer unserer 32 Karten ist das umfangreichere Tarot-Deck mit 78 Karten. Genau wie das Tarot haben wir noch die vier Farben: Herz, Karo, Kreuz und Pik. Wir haben auch die Hofkarten: die Könige, Damen und Buben. Wir haben das Ass und die Zahlkarten von 7 bis 10. Als Orakelkarten verwendet, sind sogar die Bedeutungen ähnlich, wenn auch nicht ganz gleich. Dies mag sich durch die unterschiedliche Entwicklung der Karten ergeben haben. Während das Tarot von einem größeren Geheimnis umgeben ist und komplexere Darstellungen beinhaltet, sind die Spielkarten schnell zur Hand, die Deutungen leichter, direkter.

Der Kosmos des ganzen Lebens

Die Tradition unserer Spielkarten behandelt die großen Themenkreise Liebe, Beruf, Familie, Gesundheit und die Veränderungen im Leben. Damit ist in den 32 Karten das ganze Leben eingefangen. In den Legesystemen tauchen die Themen in den unterschiedlichsten Kombinationen auf. Wenn Sie also zu einem bestimmten Problem eine Frage haben, dann mischen Sie die Karten, und legen Sie sie aus. Damit wird dem Zufall die Möglichkeit gegeben, die richtigen Zusammenstellungen zu finden. Sie müssen dann nur noch die Bedeutung daraus ablesen: Im ersten Schritt müssen Sie sich mit der Bedeutung der Karten beschäftigen – dabei wird Ihnen vieles bekannt vorkommen; im zweiten Schritt lernen Sie das Lesen der Zusammenhänge – hierzu müssen Sie Ihre Intuition einsetzen. Bedenken Sie stets: Der Zufall ist nicht sinnlos, sondern das Mittel, mit dem eine höhere Macht unser Leben lenkt. Darum funktionieren Orakel!

Nicht nur Hexen, auch Spielkarten wurden in jenen finsteren Zeiten auf dem Scheiterhaufen verbrannt.

Vorbereitung auf die Befragung

Man befragt ein Orakel nicht ohne Grund. Meistens gibt es eine drängende Frage, die mit den üblichen Methoden nicht ausreichend beantwortet werden kann. Man braucht Unterstützung, um entscheiden zu können, um sich auf mögliche Entwicklungen vorbereiten zu können. Früher waren Orakel eng mit dem Heiligen, mit der Religion verbunden, denn im Orakel sprach Gott oder Göttin mit dem Fragenden. Nun müssen Sie nicht unbedingt ins Gebet versinken, bevor Sie die Karten befragen, doch eine harmlose Spielerei ist das Legen der Karten auch nicht.

In den Karten spricht die »innere Stimme« zu uns, die wir, weil sie so leise flüstert, gern überhören.

Die Behandlung der Karten

Ihre Karten sind Symbole für die wirkenden Kräfte in der Welt – behandeln Sie sie entsprechend. Das heißt, dass Sie die Karten, die Sie befragen, nicht fürs Spiel verwenden. Sie können sie in einem speziellen Schächtelchen aufbewahren oder in ein schönes Tuch einwickeln. Wenn Sie ein paar Mal bei Ihnen Rat gesucht haben, werden Sie ganz von selbst eine gewisse Achtung vor ihnen empfinden.

Die innere Einstellung zur Befragung

Skeptiker werden einwenden, dass ein paar wahllos hingelegte Karten keine Auskunft über die Entwicklung der Dinge geben können. Stimmt: Wahllos hingelegte Karten geben auch keine Antwort – erst die Frage! Meist besteht ein dringender Anlass, die Karten zu legen: Eine unklare Situation muss beleuchtet werden, eine wichtige Entscheidung muss gefällt werden, ein Wendepunkt im Leben steht bevor.

Formulieren Sie im Geist Ihre Frage möglichst präzise. Vermeiden Sie jedoch kombinierte Fragen. Wenn Sie also beschäftigt, ob Sie die Arbeitsstelle wechseln sollen, ob Sie Karriere machen werden und ob sich dadurch Ihre Gesundheit verbessert, dann gehen Sie nach der Wichtigkeit vor und stellen eine Frage nach der anderen. Vielleicht ergibt sich aus dem Orakel schon eine Antwort auf die anderen Fragen, vielleicht auch nicht. Dann befragen Sie es erneut – zum nächsten Thema.

Sie können aber auch anders vorgehen und die Frage nach den Entwicklungen der nächsten Woche, des nächsten Monats oder eines ganzen Jahres stellen. Dann werden Ihnen die Themen aufgezeigt, die innerhalb dieses Zeitrahmens Ihr Leben berühren werden.

Mischen und Aufdecken der Karten

Zum Kartenlegen suchen Sie sich ein ruhiges Plätzchen. Zünden Sie eine Kerze an, lassen Sie etwas Duft aufsteigen, und entspannen Sie sich. Bitten Sie Ihr Unbewusstes, Ihnen ein guter Ratgeber zu sein.

Mischen Sie die Karten, bevor Sie sie legen, dann so, wie Sie es gewohnt sind: in der Hand, durch Auffächern oder Durcheinanderschieben auf dem Tisch. Mischen Sie so lange, bis Sie das Gefühl haben, dass es genug ist. Während des Mischens (wie auch beim Aufdecken) konzentrieren Sie sich auf Ihre Frage. Manche Legesysteme verlangen das Aufdecken aller 32 Karten; in diesem Fall heben Sie von oben nach unten vom Stapel ab. Haben Sie sich für ein Legesystem mit einer begrenzten Anzahl Karten entschieden, fächern Sie die Karten in der rechten Hand auf und ziehen mit der linken Hand die benötigte Zahl aus dem Fächer.

Wenn die Karten auf dem Tisch liegen, beginnt die Arbeit des Deutens. Sie werden dann die Vokabeln benötigen, um aus den Karten einen Satz zu bilden, der die Antwort auf Ihre Frage ist. Dabei müssen Sie ein wenig Fingerspitzengefühl entwickeln, denn im ersten Ansatz wird die Aneinanderreihung von Begriffen vielleicht keinen Sinn ergeben. Doch wenn Sie jede Bedeutung auf Ihr Problem beziehen, werden Sie überrascht sein, wie direkt das Kartenorakel zu sprechen vermag.

Die Karten mit der linken Hand zu ziehen hat seinen Sinn. Die linke Seite des Menschen ist mit der rechten Gehirnhälfte verbunden, und diese ist für das bildhafte, das ganzheitliche Denken zuständig.

Die Bedeutung der einzelnen Karten

Die Bedeutungen der einzelnen Karten haben sich aus der Tradition über viele Jahre hinweg gebildet. Jeder, der mit ihnen gearbeitet hat, hat seine eigenen Erfahrungen gesammelt und ihnen auch manche eigene Deutung hinzugefügt, wenngleich der Grundtenor erhalten blieb.

Modifikationen

Im Unterschied zu den Tarotkarten können Spielkarten nicht umgekehrt aufgedeckt werden. Sie haben also nur eine Deutungsmöglichkeit.

Auch ich habe für dieses Buch ein paar Modifikationen vorgenommen, vor allem in den Bereichen, die traditionell ein wenig überholt wirken.

● So ist z. B. in der Begriffssammlung die »Reise über das große Wasser« der »Veränderung« gewichen. Denn in den vergangenen Jahrhunderten mag eine Reise über das große Wasser noch ein einschneidendes Erlebnis für den Menschen gewesen sein, das seine Weltsicht, sein Leben grundlegend verändert hat, während wir heute alle nasenlang über das große Wasser fliegen, um zwei, drei Wochen Urlaub zu machen – was freilich noch lange nicht bedeutet, dass damit große Wandlungen in unserem Leben verbunden sind. Einschneidende und weitreichende Veränderungen gibt es aber trotzdem, und sie können aus ganz anderen Ursachen als durch Reisen angestoßen werden.

● Ich habe mir auch erlaubt, »Tod« und »Schicksalsschlag« zu modifizieren, nicht weil beides nicht mehr vorkommt, sondern weil diese Worte Ängste und ein Gefühl der Vorherbestimmung hervorrufen können, die gänzlich unnötig sind. Zum einen muss der Tod nicht immer eine Tragödie sein, sondern kann ein reiches Leben sinnvoll beschließen. Und was ein Schicksalsschlag ist, hängt weitgehend von der Einstellung des Einzelnen ab: Für den einen ist ein abgebrochener Fingernagel schon ein Drama, ein anderer steigt auch aus seinem zu Schrott gefahrenen neuen Auto mit einem Schulterzucken aus. Nichtsdestotrotz werden Sie Kartenkombinationen finden, die Ihnen ganz eindeutig eine Warnung übermitteln und auch auf Gefahren hinweisen. Denken Sie in einem solchen Fall daran, dass Ihnen die Karten mögliche Entwicklungen aufzeigen, die Sie durch Ihren freien Willen immer beeinflussen können. Wenn Sie Warnungen jedoch nicht beachten, kann es sein, dass Sie wirklich irgendwo böse auf die Nase fallen.

● Einige Begriffe habe ich im Vergleich zu ihrer herkömmlichen Bedeutung weiter gefasst. Das »Erbe« kommt wörtlich verstanden nicht so häufig vor, aber uns werden oft genug irgendwelche Dinge hinterlassen – positive und negative: eine unaufgeräumte Wohnung voller Gerümpel z.B., ein Job, in dem der Vorgänger für Durcheinander gesorgt hat, oder eine Akte mit wichtigen Informationen.

● Der herkömmliche »Brief« kann natürlich auch weiterhin ein (handgeschriebener) Brief sein, aber heutzutage gibt es eben auch einen Telefonanruf, ein Fax oder eine E-Mail.

In die Deutung der Karten fließt immer auch die persönliche Erfahrung mit ein und natürlich der Bezug zu der Fragestellung.

In früheren Jahrhunderten war die »Reise über das große Wasser« mit dem Schiff eine tief greifende Erfahrung; für uns heute ist der Kontinentenwechsel dank Flugzeug oft nur eine kleine »Veränderung«.

9

Kurz noch ein Wort zu den Personenkarten. Diese – Buben, Damen und Könige – stellen einerseits Personen dar, die in Ihrem Umfeld auf Sie einwirken, sie bedeuten aber auch bestimmte Eigenschaften. So ist die Kreuz-Dame klassischerweise Ihre Mutter, kann aber auch eine mütterliche Freundin sein oder für mütterliche Fürsorge stehen.

Nach kurzer Zeit werden Sie den Personen bei Ihrer Befragung Ihre eigenen Deutungen geben. Den Karo-König, so er denn für Ihren Chef steht, werden Sie mit Herrn Müller identifizieren, und die »Dunkle Dame«, die scharfzüngige Pik-Dame, kann durchaus eine schlagfertige Blondine namens Susi sein.

Ihre Frage wird durch die Karten beantwortet, also werden die Karten auch Ihr Lebensumfeld widerspiegeln. Wenn Sie die Karten gelegt haben, sollten Sie sich Muster und Deutung auf jeden Fall notieren – zum einen, um nach einiger Zeit nachvollziehen zu können, ob Ihre Deutung sich bewahrheitet hat, zum anderen aber auch, um Ihre Ergänzungen einzubringen und Ihre persönlichen Erfahrungen mit den einzelnen Karten zu vervollständigen.

Die Personenkarten können bestimmte Menschen in ihrem Umkreis darstellen; daneben haben sie aber auch eine übertragene Bedeutung.

Die Zahlen und ihre Bedeutung

Dass Zahlen nicht nur für die Mathematik eine Bedeutung haben, machen Sie selbst bewusst, wenn Sie von der »bösen Sieben« oder dem gefährlichen Freitag, dem Dreizehnten, sprechen. Neben den Symbolen Herz, Pik, Kreuz und Karo sind es also die Zahlen, welche die Aussage der Karten bestimmen.

Die Eins

Das Ein-und-Alles, das Einssein, die Einigkeit und die Nummer eins am Markt zu sein, das alles drückt die Zahl Eins symbolisch aus. Der Erste in der Reihe führt sie an, bringt die Energie auf, etwas in Bewegung zu setzen und die Sache voranzutreiben. Das Ass symbolisiert bei allen Kartenfarben die Kraft, die deren Eigenschaft verstärkt und besonders eindeutig darstellt.

Zwei bis Sechs

Bei den hier aufgeführten Spielkarten sind die Zahlkarten Zwei bis Sechs nicht enthalten, es ist aber durchaus möglich, auch mit einem vollständigen Kartendeck zu arbeiten. Darum hier zur Information und als Anregung auch die Bedeutung der Zahlen Zwei, Drei, Vier, Fünf und Sechs in Kurzfassung.

Zwei: Im Duett begegnen sich zwei Stimmen in Harmonie, im Duell zwei Gegner im Streit. Die Zwei ist das Paar, das sich entweder anzieht oder abstößt, immer aber in Beziehung zueinander steht. Das bedeutet auch, dass man sich für das ein oder andere entscheiden muss. Das schönste und passendste Symbol der Zweiheit ist das Yin-Yang-Symbol, der geteilte schwarz-weiße Kreis.

Drei: Aller guten Dinge sind drei, und der Dritte im Bunde bringt Schwung in die Gemeinschaft. Die Drei ist auch als heilige Zahl in vielen Religionen ein Begriff – beispielsweise in der christlichen das Modell der Dreieinigkeit. Was man dreimal wiederholt, wird wahr, und Länge, Breite und Höhe sind die drei Dimensionen, mit denen wir unseren Standort bestimmen. Die Drei gibt uns Form.

Vier: Ein Quadrat als Grundfläche gibt Stabilität, die Vier ordnet Zeit und Raum: Vier Himmelsrichtungen, vier Jahreszeiten, vier Tageszeiten bestimmen unser Leben und helfen uns bei der Orientierung. Vier Symbole für Gefühl, Wille, Tatkraft und Verstand hat das Kartenspiel, und die seit alters bekannten vier Elemente Feuer, Wasser, Erde und Luft bilden die Grundlage des Lebens.

Fünf: Die eine Zahl über der stabilen Vier bringt Unruhe in das System, die Fünf stellt die Ordnung infrage und leitet den Wandel ein. Sie kann das Gleichgewicht kippen und wird manchmal als zerstörerisch empfunden. Andererseits ist auch sie eine heilige Zahl, und der Fünfstern, das Pentagramm, symbolisiert das geistige Wachstum. Der Parameter war in der Antike ein anerkanntes Versmaß.

Sechs: Zweimal die heilige Zahl Drei – das ergibt Gleichgewicht und Harmonie. Die Sechs ruht in sich, in der Mitte von vorne, hinten, rechts, links, oben und unten, und ein Würfel hat sechs Seiten.

Sie können natürlich auch mit dem vollständigen Kartensatz, etwa mit Rommee-Karten, das Orakel befragen. Die Deutungen der Zahlkarten Zwei bis Sechs können Sie sich hiermit erarbeiten.

11

Die Sieben

Im Kartenspiel, so wie es hier verwendet wird, ist die erste Zahl-Karte, die nach dem Ass erscheint, die Sieben. Sie hat landläufig einen schlechten Ruf, denn sie stört, ähnlich wie die Fünf, das Gleichgewicht der vorherigen Zahl Sechs. Sieben Plagen und sieben Todsünden sind bekannt, aber auch die sieben guten und die sieben schlechten Jahre. Die Sieben steht für den Themenkreis Prüfungen, aber bestandene Prüfungen führen auch zu tieferer Einsicht.

Die Acht

Die doppelte Vier bedeutet doppelte Stabilität, die Acht ist das Symbol für die Ordnung an sich, die materielle Grundlage, aber auch das Streben nach Erfolg. Die Oktave umfasst alle Töne unseres musikalischen Systems, der achtfache Pfad des Buddhismus führt zur Erlösung und basiert auf der Achtsamkeit der Menschen.

Achten Sie auch im täglichen Leben darauf, wie die Zahlensymbolik immer wieder eingesetzt wird – vor allem in der Werbung!

Die Neun

Dreimal die Drei ist dreifache Heiligkeit, ist Vollendung. Neun Musen kümmern sich um die Künste und die Kreativität – um erotische Poesie, lyrische Dichtung, Epik und Philosophie, Geschichtsschreibung, Gesang, Tanz, unterhaltendes Theater, Tragödie und Astronomie –, und so ist die Neun sensibel und manchmal ein bisschen exzentrisch. Sie ist aber auch ein Bild der Offenheit, der Neuheit und des Über-sich-Hinausgehens und damit für das Ende eines Prozesses. So hat auch das Jahr 1999 deutlich das Ende eines Jahrhunderts angezeigt.

Die Zehn

Nun, unser ganzes mathematisches System ist an den zehn Fingern orientiert, die wir an den Händen haben, und unzählige Ordnungskriterien basieren auf dieser Zahl, vor allem Währungen und Maße. Mit der Zehn beginnt aber auch ein neuer Zyklus, denn sie besteht aus der Eins und der Null, als Quersumme erhält man wieder die Eins. Den neuen Kreislauf aber beginnt man auf einer höheren Ebene, daher steht die Zehn auch für die Weiterentwicklung.

12

Herz: Gefühle – Liebe, Freundschaft, Geborgenheit

Die Herzkarten – das ist offensichtlich – stehen für Liebe und Gefühle. Dabei ist das Herz-Ass das höchste der Gefühle, nämlich die Geborgenheit, das Heim, der Ort, an dem alle Lieben sich zusammenfinden. Die Herz-Zehn betrifft wohl die tiefsten Gefühle, nämlich die Liebe. Etwas weniger tief geht die Herz-Neun: Sie repräsentiert Verliebtheit, Flirt, Erotik, und bei der Herz-Acht sind es dann nur noch Sehnsüchte und Wünsche. Die Sieben als solche hat einen schlechten Ruf, man nennt sie auch »die böse Sieben«. Doch selbst hier streichelt das Herz noch wohltuend darüber. Die Herz-Sieben steht für die Beseitigung von Schwierigkeiten, das Lösen von Problemen. Sie wissen ja, welch schönes Gefühl es ist, wenn der Schmerz nachlässt! Der Herz-Bube ist, wie er heißt – ein Herzbube: ein geliebtes Kind, ein Lieblingstier oder einfach etwas Schönes. Der Herz-König ist, sofern Sie eine Dame sind, Ihr Partner. Die Herz-Dame sind Sie in diesem Fall dann selbst. Umgekehrt verhält es sich, wenn ein Mann die Fragen an das Orakel stellt.

Ein altes Zigeuner-Wahrsagebuch sagt, dass die Herz-Zehn eine Person ist, die viele Kinder haben wird. Auch das kann entsprechend der Fragestellung die Bedeutung der Karte sein.

Herz-Ass: Heim, Haus, Wohnung

Das Herz-Ass betrifft alles, was mit Ihrer Geborgenheit zu tun hat. Das muss nicht nur die Wohnung sein, es kann sich auch auf das gesamte Eigentum beziehen: die Möbel, mit denen Sie sich einrichten, der Garten, den Sie pflegen, die schönen Dinge, mit denen Sie sich umgeben, die zu Gemütlichkeit und Heimeligkeit gehören. In weniger gefühlsbetonten Zusammenhängen kann diese Karte auch einfach ein Gebäude bedeuten.

Herz-Zehn: Ehe und Partnerschaft

Früher war dies die Hochzeitskarte, sie kündigte baldige Heirat an. Noch immer heiraten die Menschen, doch es gibt auch eine ganze Reihe Beziehungen ohne Trauschein. Eine Partnerschaft, die auf Liebe und Vertrauen beruht, muss nicht immer in eine Ehe münden. Mit dieser Karte kann auch eine vertrauensvolle berufliche Partnerschaft gemeint sein.

Herz-Neun: Verliebtheit und Harmonie

Diese Karte steht für die »kleine Liebe«, die möglicherweise auch einmal zur großen Liebe werden kann oder aber zu flüchtig ist, um von Dauer zu sein. Ist derzeit keine Liebelei in Aussicht, bedeutet dies, dass Sie zu jemandem in einem harmonischen Verhältnis stehen oder eine harmonische Situation vorfinden.

Die Menschenkenntnis und Lebensweisheit von Jahrhunderten spiegeln sich in den Bedeutungen der Karten wider.

Herz-Acht: Wünsche

Was Sie sich wünschen, wonach Sie sich sehnen – bewusst, aber oft auch unbewusst –, deckt diese Karte auf. Wenn Sie Ihnen in einem Zusammenhang zunächst unsinnig erscheint, gehen Sie in sich, und prüfen Sie Ihre geheimen Wünsche.

Herz-Sieben: Problemlösung

Hier wird eine unangenehme Situation zu Ende gehen, hier lösen sich die Probleme, ab jetzt geht es aufwärts. Etwas kommt zu einem guten Ende, und der Schmerz lässt nach.

Herz-Bube: Jüngere, Kunst

Als Person kann der Herz-Bube Ihr Kind oder Ihre Kinder darstellen. Aber fassen Sie ihn weiter. Auch Ihr Lieblingshund oder Ihr Zwerghase kann damit gemeint sein. Es ist immer jemand, der schutzbedürftig, gefühlvoll und anhänglich ist. Ein weiterer Aspekt dieser Karte ist das künstlerische Potenzial, die Kreativität, die in Kindern noch schlummert und die sie auch spontan zum Ausdruck bringen.

Die klassische Deutung sieht in der Herzdame immer eine hellhäutige, blonde Frau, doch so eng und oberflächlich dürfen Sie die Karten nicht auslegen.

Herz-Dame: Die Fragerin/die Partnerin

Wenn Sie als Frau die Karten befragen, so können Sie sich mit der Herz-Dame identifizieren. Möchten Sie das nicht, dann können Sie die »Blonde Frau«, wie sie traditionellerweise genannt wird, als eine wohlmeinende, aufgeschlossene Freundin betrachten. Als männlicher Fragesteller werden Sie in ihr die Partnerin, Ehefrau, Freundin oder buchstäblich Ihre Herzdame wieder finden.

Herz-König: Der Frager/der Partner

Ein Mann kann sich mit dem Herz-König identifizieren, oder er sieht in ihm einen wohlmeinenden Freund. Als Frau entdecken Sie Ihren Herzkönig, Ihren Partner in dieser Karte. Ob er ein »großer blonder Mann« ist oder ein schwarzhaariges Dickerchen, wird die Zukunft zeigen.

Karo: Materie – Arbeit, Geld, Kontakte

Die Karokarten stehen für alles, was mit Besitz und Beruf, mit den materiellen Dingen des Lebens in Zusammenhang steht. Das Karo-Ass repräsentiert daher natürlich den Erfolg oder die Karriere. Bei der Herz-Zehn geht es um das große Geld, bei der Herz-Neun dreht sich alles um das kleine Geld, das Ihnen überraschend zufließt. Die Herz-Acht rückt das Eigentum in den Mittelpunkt, das Ihnen vermacht wird. Nur bei der Herz-Sieben wird es wieder »zäh« – hier geht es darum, dass man arbeiten muss, um Geld zu bekommen. Der Karo-Bube ist ein Springinsfeld in materiellen Angelegenheiten; er verhandelt und vermittelt. Die Karo-Dame ist die berufstätige Frau mit dem kritischen Blick auf die Uhr, und der Karo-König ist der gerechte Chef.

Karo-Ass: Erfolg, Karriere

Wie bei allen Assen zeigt sich hier der höchste Wert. Erfolg muss nicht immer die berufliche Karriere betreffen, auch Hausfrauen und Hausmänner feiern Triumphe. Sie können Erfolg in vielen Dingen haben, beispielsweise eine Auszeichnung erringen, einen Wettkampf gewinnen oder gute Noten bekommen.

Karo-Zehn: Geld

Die Karo-Zehn ist eine der relativ eindeutigen Karten – fragen Sie sie immer dann, wenn Sie etwas über Ihre finanzielle Lage und Entwicklung wissen wollen. Es geht um Geld, das Sie bereits haben, oder um Geld, das Ihnen noch zusteht.

Das Zigeuner-Wahrsagebuch sieht im Karo-Ass einen Menschen, der Freiluftsport liebt und sich in Gartenarbeit und Forstwirtschaft engagiert.

15

Karo-Neun: Kleines Geld, Überraschung

Diese Karte weist auf einen kleinen Gewinn hin, und zwar nicht nur finanzieller Art. Sie können auch ein Fahrrad gewinnen, eine Urlaubsreise oder eine Flasche Wein. Mit ihrer zweiten Bedeutung zeigt Ihnen die Karte eine Überraschung an; da es die Karo-Neun ist, wird sie vorwiegend positiv sein. Mit Pikkarten zusammen sollten Sie jedoch der Überraschung nicht mit allzu großen Erwartungen entgegenfiebern. Abgesehen davon birgt diese Karte auch ein Risiko.

Karo-Acht: Erbe, Hinterlassenschaft

Jemand vererbt Ihnen ein Vermögen. Oder nur eine Kleinigkeit – das ergibt sich aus den Zusammenhängen. Aber das Erbe muss nicht immer aus einem Todesfall resultieren. Diese Karte deutet Hinterlassenschaften aller Art an: etwa eine von den Vorbesitzern Ihrer Wohnung zurückgelassene Katze oder ein Chaos am neuen Arbeitsplatz.

Es kann auch sein, dass Sie jemands Nachfolge antreten oder dass Sie für jemanden einspringen müssen – auch solche Situationen sind mit einer Art »Erbe« verbunden.

Der Karo-Bube, so sagt die traditionelle Deutung, ist ein harmloser Flirt, wenn er umgekehrt aufgedeckt wird. Richtig herum kann auch mehr daraus werden.

Karo-Sieben: Beruf, Arbeit, Tätigkeit

Fragen nach Ihrer beruflichen Situation beantwortet die Karo-Sieben. Da kann die Art des Berufes gemeint sein, die Sie wählen, oder die Tätigkeit, die für Sie wichtig ist. Bezieht sich Ihre Frage nicht auf Ihre eigene berufliche Situation, kann sie einen Hinweis auf den Menschen geben, der Einfluss auf Ihr Leben ausübt, und beispielsweise die heiße Affäre mit einem Juristen ankündigen.

Karo-Bube: Vermittler, Bote

Der Karo-Bube überbringt Informationen. Im einfachsten Fall könnte also ein Briefträger oder ein Kurier gemeint sein. Aber er oder sie ist auch jemand, der Anbieter und Nachfrager zusammenbringt. Oder es handelt sich um einen Menschen, der zwischen mehreren Parteien vermittelt oder schlichtet – bei Geschäften, in Streitfällen oder in Diskussionen. Er

zeichnet sich durch diplomatisches Geschick, Überlegenheit und umfassendes Wissen aus.

Karo-Dame: **Berufstätige Frau, Termine**

Als Person finden Sie hier eine Kollegin, die Chefin, eine Kommilitonin oder Lehrerin, also jemanden, der mit Ihrer Ausbildung oder Ihrem Beruf zu tun hat. Im weiteren Sinn behandelt diese Karte die Themen »Zeit« und »Termine«. Sie macht z. B. auf Verzögerungen aufmerksam oder gibt wichtige Termine an.

Karo-König: **Berufstätiger Mann, Gerechtigkeit**

Dieser Mann hat Bedeutung in Ihrem Berufsleben oder in Ihrer Ausbildung: der Chef, ein Kollege, ein Geschäftspartner oder ein Unternehmer. In der heilen Welt der Karten ist der Chef auch derjenige, der in seinem Geltungsbereich für Gerechtigkeit und Ordnung sorgt; darum hat er in der unpersönlichen Form die Bedeutung der Gerechtigkeit und der Rechtsangelegenheiten. Es muss aber nicht ein Richter sein.

Traditionell wird die Karo-Dame als eine Frau beschrieben, die ihre Hausarbeit nicht ordentlich erledigt, den männlichen Umgang liebt und jeder Tugendhaftigkeit entbehrt. Also eine ganz moderne Frau!

Kreuz: Wille – Veränderung, Bewegung, Neuigkeiten

Die Kreuzkarten stehen für Veränderungen und Bewegung im Leben. Das Kreuz-Ass ist der Wille, der Antrieb, der alles in Bewegung bringt. Die Kreuz-Zehn ist die große Veränderung im Leben, die Kreuz-Neun eine kleine. Die Kreuz-Acht steht für Neuanfang, die Kreuz-Sieben für Nachrichten und Neuigkeiten. Wegen der Sieben werden Sie ihnen mit gemischten Gefühlen entgegensehen. Der Kreuz-Bube stellt Ihre Familie dar, die Kreuz-Dame Ihre Mutter, der Kreuz-König Ihren Vater.

Kreuz-Ass: Wille, Ehrgeiz

Der Wille bewegt die Welt – Ihrer oder der eines anderen. Hier geht es um Durchsetzungskraft im positiven wie im negativen Sinne. Ehrgeiz und Selbstbewusstsein sind sicher wertvoll, Machtstreben und Profilneurosen dagegen beeinträchtigen das menschliche Miteinander. Auf welche Art und Weise der Wille sich entfaltet, sehen Sie im Zusammenhang mit den anderen Karten.

Das Kreuz-Ass galt früher als ausgesprochene Erfolgskarte und versprach Reichtum, Glück und allgemeinen Wohlstand.

Kreuz-Zehn: Große Veränderung

Hier steht die traditionelle »große Reise«. Sie kann ganz konkret sein, denn wenn Sie in ein anderes Land auswandern, bedeutet das selbstverständlich eine gravierende Veränderung in Ihrem Leben. Aber nicht nur Reisen lösen Veränderungen aus. Manchmal sind es auch Krankheiten, Schockerlebnisse oder Verluste. Ebenso kann eine bewegende Einsicht oder eine tiefe Liebe eine einschneidende Veränderung bewirken.

Kreuz-Neun: Kleine Reise, Urlaub

Die kleine Veränderung, vielleicht nur zeitlich begrenzt, ist die Bedeutung dieser Karte. Sie kann den Ortswechsel ankündigen, Dienstreisen, Urlaubsreisen oder Besuche. Aber auch kleinere Veränderungen in Ihrem Lebensstil, vielleicht eine Diät, eine kurzzeitige Trennung vom Partner oder ein Kursbesuch können gemeint sein.

Kreuz-Acht: Neue Vorhaben, Neubeginn

Nach einem Streit können Sie in Ihrer Beziehung neu beginnen: Sie können einen neuen Beruf erlernen, ein Haus bauen – dies und vieles mehr sind neue Vorhaben. Die Lage der Karte zeigt Ihnen, in welchen Bereichen Ihr Neubeginn stattfindet.

Kreuz-Sieben: Nachrichten

Ein Brief, ein Anruf, ein Fax: Was immer in der Nachrichtenübermittlung möglich ist, erwartet Sie hier – auch eine Unterhaltung über wichtige oder unwichtige Themen oder gar dummes Geschwätz. Worum es bei der Kommunikation geht, ergibt sich aus dem Zusammenhang mit den anderen Karten. Manchmal deutet die Kreuz-Sieben auch auf eine Neubewertung und Umorientierung hin.

Kreuz-Bube: Familie

Der Kreuz-Bube als Person kann ein jüngerer Familienangehöriger sein, ein Neffe oder eine Nichte, ein Enkelkind oder das jüngste Kind der Familie. Die Karte kann ferner – abhängig von der Fragestellung – die Familie als Ganzes darstellen. In einem sehr weit gefassten Bedeutungsrahmen kann der Kreuz-Bube auch für das Übersinnliche stehen.

Kreuz-Dame: Mutter, mütterliche Freundin

Die Kreuz-Dame ist im direkten Fall Ihre Mutter. Kommt diese Deutung nicht infrage, kann sie auch eine Frau sein, die Ihnen mütterliche Gefühle entgegenbringt. Ist nicht die Person ausschlaggebend, so bedeutet diese Karte Fürsorge und Mütterlichkeit.

Kreuz-König: Vater, väterlicher Freund

Diese Karte repräsentiert Ihren Vater oder eine Vaterfigur in Ihrem Leben – jemanden, der sich väterlich um Sie kümmert, der Ihnen Unterstützung zuteil werden lässt. Finden Sie eine solche Person in Ihrem Umfeld nicht, so steht die Karte für Unterstützung, Sponsoring und väterlichen Rat.

Die Zigeuner deuteten die Kreuz-Acht als Zuneigung zu einer Person mit dunklem Teint, einer Hautfarbe, die viele materielle Vorteile mit sich bringt. Achten Sie bei einer neuen Beziehung unbedingt auf die Hautfarbe.

Auch in unserer Umgangssprache finden wir oft Bezüge zu den Spielkarten: Denken Sie an das Herzblatt, den schwarzen Peter und die Pik-Sieben.

Pik: Verstand – Regeln, Ordnung, Einsichten

Die Pikkarten betreffen kritischere Themen. Das Pik-Ass steht für alles Trennende. Das kann betrüblich sein, wenn es sich um Abschied oder Verlust handelt, aber auch notwendig, um sich von Problemen freizumachen. Die Pik-Zehn ist die Entfernung danach, die Pik-Neun zeigt die mit ihr verbundene Trauer oder Unzufriedenheit an. Die Pik-Acht verheißt Ärger, und die Pik-Sieben erteilt über Ihren Gesundheitszustand Auskunft. Der Pik-Bube ist ein sehr auf Ordnung und Wahrheit fixierter Mensch. Die Pik-Dame hat ein böses Mundwerk und eine scharfe Zunge. Der Pik-König wiederum ist ein strenger Rationalist, der gern den Amtsschimmel reitet.

Pik-Ass: Trennung, Beendigung

Sie brauchen grundsätzlich nicht in Panik zu geraten, wenn Pik-Ass auftaucht, denn es hat auch seine guten Seiten. Manchen Situationen im Leben muss einfach ein Ende gesetzt werden. Trennung kann aber auch schmerzlich sein: Auf Verlust, Abschied oder Tod kann diese Karte in den entsprechenden Zusammenhängen einen Hinweis geben.

Die Zigeuner bezeichnen die Pik-Neun als die schlimmste Karte im ganzen Spiel, sie verbinden sie mit allen denkbaren und auch unvorstellbaren Katastrophen.

Pik-Zehn: Entfernung, Fremde

Traditionell hieß es bei Pik-Zehn »Ferne Länder«. Aber das Ausland hat den Beigeschmack der Ungewissheit und des Schreckens verloren, seit die Verkehrsmittel schneller und besser geworden sind. Es geht hier also zwar auch um räumliche Trennung, aber zusätzlich um Entfremdung und das Gefühl, sich fremd, ausgesetzt und orientierungslos zu fühlen.

Pik-Neun: Unzufriedenheit, Depression

Die Pik-Neun ist eine unangenehme Karte, denn sie bezeichnet schwelende Unzufriedenheit, Schwäche, deprimierten Rückzug statt Problemlösung, Missgunst, Neid auf andere, Überforderung. Die Karten werden Ihnen einen Weg aus Ihrem Tal der Tränen zeigen.

Pik-Acht: Ärger

Nicht immer ist der Ärger schlecht. Manchmal muss man ihn aufsteigen lassen, seine Wut artikulieren, ihn loswerden, um nicht daran zu ersticken. Die Karten zeigen Ihnen, in welchen Bereichen Ihres Lebens Ärger droht. Er lässt sich bisweilen vermeiden.

Pik-Sieben: Gesundheitszustand

Fragen zu Ihrer Gesundheit und allgemein zu Ihrem körperlich-geistig-seelischen Befinden beantwortet Ihnen diese Karte. Sollte sie auf Probleme hinweisen, sollten Sie den Rat eines Arztes oder Heilers einholen. Natürlich kann es sich auch um das gesundheitliche Befinden anderer Personen handeln. Und nicht immer bedeutet diese Karte Krankheit – sie kann genauso gut Besserung und Heilung anzeigen.

Pik-Bube: Ordnung und Wahrheit

Der »schwarze Peter« als Person wurde früher als Uniformierter gesehen. Er ist eine Person, die für die Einhaltung bestimmter Regeln und für Ordnung sorgt; insofern kann sie durchaus eine Polizeiuniform tragen. Im weiteren Sinne steht der Pik-Bube auch für Wahrheitsfindung.

Pik-Dame: Dunkle Dame, Witwe

Die »dunkle Dame« ist Ihnen nicht wohlgesinnt, auch wenn sie hellhäutig und blond sein sollte. Hier haben Sie es mit einer entschiedenen Feindin zu tun – einer Vorgängerin, einer Konkurrentin, einer scharfzüngigen Nachbarin... Ist Ihnen eine solche Person nicht bekannt, steht die Karte für Undank, Enttäuschung und Beleidigung.

Die Pik-Dame wird traditionell als die übel wollende, böse Witwe oder alte Jungfer dargestellt, ein seltsames Vorurteil unverheirateten Frauen gegenüber.

Pik-König: Der dunkle Mann

Der Pik-König steht für einen Feind, einen Mann, der Ihnen nicht wohlgesinnt ist. Aber auch ein Mann mit einem überlegenen Verstand, der keinen Raum für Gefühle lässt, kaltherzig ist und streng den Regeln folgt, kann gemeint sein. Daher rührt die übertragene Bedeutung »Ämter«, »Behörden«, »offizielle Stellen«.

Die Legesysteme

Das Prinzip der Legesysteme

Das Kartenorakel besteht aus zwei Teilen: der Bedeutung der einzelnen Karte und ihrer Position im Legesystem. Das Legesystem ist nichts anderes als bestimmte Positionen in einem Muster. Diese Positionen haben eine Bedeutung, und diese Bedeutung wird durch die Karte erklärt, die auf diese Position fällt.

Das einfachste Beispiel ist das Dreiersystem. Sie legen drei Karten nebeneinander. Die linke Karte steht für die Vergangenheit, die mittlere für die Gegenwart, die rechte für die Zukunft. In der mittleren Karte zeigt sich das zentrale, das gegenwärtige Problem. Die linke Karte sagt, wie es dazu kam, die rechte, wohin es führt.

Sie stellen sich beispielsweise gegenwärtig die Frage, wie sich Ihre berufliche Situation entwickeln wird, und legen folgende drei Karten:

Sie können sich das Legesystem als Kästchen in der Größe der Karten auf ein Blatt Papier zeichnen und die Bedeutung der einzelnen Positionen vermerken. Das erleichtert am Anfang die Deutung.

Vergangenheit   Gegenwart   Zukunft

Das bedeutet, dass es wohl in der Vergangenheit eine Pik-Dame, in diesem Fall eine unangenehme Person, gegeben hat, die Ihr Fortkommen behindert. Sie möchten aber gerne, wie das Karo-Ass andeutet, Karriere machen, und das wird Ihnen gelingen, wenn Sie, wie Kreuz-Acht sagt, einen neuen Anfang wagen.

Das Orakel spricht sich also dafür aus, mit der Suche nach einer neuen Tätigkeit zu beginnen. Es sagt aber nicht, dass Sie gleich kündigen sollen. Es könnte sich ja auch in Ihrem bisherigen Wirkungskreis ein neues Feld auftun, um das Sie sich bemühen können.

Legesysteme mit einzelnen Karten

Es gibt Dutzende von Legesystemen, die zum Teil aufwändiges Auszählen, Neugruppieren und Ausdeuten verlangen. Das hat sicher damit zu tun, dass sich professionelle Kartenleger nicht so gern »in die Karten schauen« lassen wollen. Es läuft aber dennoch immer wieder auf das gleiche Prinzip hinaus: Karten fallen zufällig auf eine bestimmte Position und haben dort eine auf die Frage bezogene Bedeutung.

Mit dem Drei-Karten-System, das Sie eben kennen gelernt haben, bekommen Sie eine schnelle und vielleicht unpräzise Antwort. Je mehr Karten »ins Spiel« kommen, desto weiter gefasst und mehrdeutiger ist die Antwort, die Sie erhalten.

Wenn Sie sich noch mit der Bedeutung der Karten vertraut machen müssen, sind Legesysteme, die sich nur auf wenige Karten beschränken, einfacher zu lesen.

Zwei Wege

Bei Entscheidungsfragen, die die unterschiedlichsten Themen betreffen können, ist das folgende Legesystem aus sieben Karten möglich.

Möglichkeit X

X5

X1

X3

7

Y4

Y2

Y6

Möglichkeit Y

Das Zwei-Wege-Legesystem hilft Ihnen, im richtigen Moment klare Entscheidungen zu treffen.

Sie legen nach dem Mischen die Karten in der Reihenfolge X 1, Y 2, X 3, Y 4, X 5, Y 6 und 7 aus. Was geschieht, wenn Sie sich für die Möglichkeit X entscheiden, sagen Ihnen die Karten auf dem Weg 3–1–5; was geschieht, wenn Sie sich für die Möglichkeit Y entscheiden, darüber geben Ihnen die Karten auf dem Weg 4–2–6 Auskunft. Die siebte Karte gibt Ihnen einen Hinweis auf den Hintergrund des Problems.

Nehmen wir ein Beispiel. Sie sind sich nicht sicher, ob Sie zu Hause wohnen bleiben oder den Schritt in die Selbstständigkeit mit einer eigenen Wohnung wagen sollen. Variation X soll zeigen, was geschieht, wenn Sie ausziehen; Variation Y zeigt dann, was geschieht, wenn Sie zu Hause wohnen bleiben. Mischen Sie Ihr Päckchen Karten, fächern Sie es dann in der rechten Hand auf, und ziehen Sie mit der linken Hand sieben Karten, die Sie in der eben genannten Reihenfolge vor sich aufdecken. Dann deuten Sie die Karten und erkennen, dass die Dinge in der Reihenfolge 1–3–5, also Kreuz-Zehn – Herz-Bube – Herz-Zehn, geschehen werden, wenn Sie ausziehen. Eine große Veränderung vollzieht sich in Ihrem Leben, denn Sie lernen den Herz-Buben kennen. Das führt zu

Wenn Sie sich eine Weile mit dem Kartenlegen beschäftigt haben, werden Sie Legesysteme für sich herausarbeiten, die Ihren Vorstellungen am besten entgegenkommen.

Weiterhin zu Hause wohnen oder in einer eigenen Wohnung selbstständig werden – die Karten zeigen Ihnen den Weg.

Möglichkeit X

Möglichkeit Y

einer Ehe oder Partnerschaft. Bleiben Sie zu Hause wohnen, kommt es in der Reihenfolge 2–4–6 zu Streit (Pik-Acht) mit der Kreuz-Dame, der Mutter, und dem Kreuz-Buben, der Familie.

Hintergrund der Frage ist die Kreuz-Neun, die kleine Trennung oder Veränderung. Vermutlich haben Sie es in einem Urlaub oder bei einer Ausbildung schätzen gelernt, in einem eigenen Wohnumfeld zu leben.

Das Kreuz

Ein anderes Legesystem, das sehr einfach einen Rat gibt, wenn man sich fragt, was man in einer Angelegenheit unternehmen soll oder nicht, ist das Kreuz. Die erste Karte sagt, worum es bei der Entscheidung geht; die zweite Karte sagt Ihnen, was Sie nicht tun sollen; die dritte, was Sie tun sollten; und die vierte, wohin diese Entscheidung führt.

Nehmen wir beispielsweise an, Sie möchten gern eine Antwort auf die Frage haben, in welcher Weise Sie die angeschlagene Beziehung zu Ihrem Freund weiterführen können. Dabei legen Sie das auf der folgenden Seite dargestellte Kartenbild. Nun, in diesem Fall ist nicht mehr viel zu machen. Es geht Ihnen, wie die Herz-Sieben sagt, darum, eine Lösung für ein Problem zu finden. Was Sie nicht tun sollten, ist vermitteln, einlenken, nachgeben, verhandeln wie der Karo-Bube. Vielmehr sollten Sie sich um Ihre Karriere (Karo-Ass) oder Ihr persönliches Weiterkommen kümmern. Das Ergebnis ist allerdings eine Entfremdung zwischen Ihnen und Ihrem Partner, wie die Pik-Zehn verrät.

Bei einem derartigen Rat der Karten sollten Sie immer noch einmal gründlich nachdenken, bevor Sie zur Tat schreiten. Werfen Sie Ihren Freund nicht überstürzt aus dem Haus, sondern überprüfen Sie Ihre eigenen Wünsche. Es kann durchaus sein, dass Sie sich eine Zeit lang

Sie müssen sich nicht buchstabengetreu an die hier vorgeschlagenen Positionen halten; wenn Sie etwas Erfahrung gesammelt haben, können Sie auch variieren. Auf diese Weise sind die Legesysteme entstanden.

1
Worum geht es?

3
Was soll ich tun?

2
Was soll ich nicht tun?

4
Was folgt daraus?

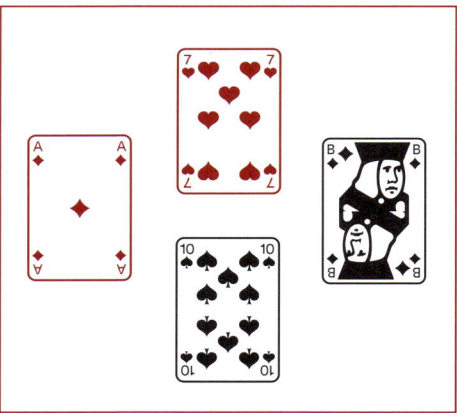

stärker als bisher um Ihre eigenen Bedürfnisse kümmern müssen; dies würde dann auf einen zeitlich befristeten Alleingang hinauslaufen und nicht auf eine endgültige Trennung, wie es Ihnen das Karo-Ass geraten hätte.

Offenes Legesystem

An die genannten Legesysteme sind Sie nicht fest gebunden. Wenn Sie etwas Übung mit den Karten gewonnen haben, werden Sie selbst die Positionen bestimmen, auf die Sie die Antwortkarten legen. Das offene Legesystem kann folgende Fragepositionen haben, muss aber nicht alle zwingend beinhalten:

- Darstellung der Situation oder des Fragethemas: Was bedeutet es mir?
- Was ist mein Ziel oder Wunsch?
- Wer oder was hindert mich auf meinem Weg dahin?
- Wer oder was hilft mir dabei?
- Was trage ich zum Problem oder Thema bei?
- Welche Ängste habe ich zum Thema?
- Welche Chancen ergeben sich?
- Wer oder was aus der Vergangenheit beeinflusst das Thema?
- Welches Ergebnis wird mein Handeln haben?

Wenn Sie sich intensiv mit dem Kartenlegen befassen, sollten Sie ihre verschiedenen Legesysteme schriftlich festhalten, um sie wiederholen zu können.

Wenn Ihnen zu Ihrer aktuellen Frage noch mehr einfallen sollte, können Sie das natürlich mit einbeziehen, aber verkomplizieren Sie das System nicht zu sehr, sonst werden die Deutungen unklar und verschwommen. Je mehr Sie sich mit den Karten und ihren Deutungen beschäftigen, desto besser wird Ihr Gefühl für die Positionen, die Frage- und Legereihenfolge und die für Sie ganz speziellen Deutungen sein. Es ist in diesem Fall ganz sinnvoll, wenn Sie sich eine Art Tagebuch anlegen, in dem Sie diese persönlichen Erfahrungen festhalten, um sie später nachvollziehen zu können.

Legesystem mit allen 32 Karten

Sie kennen jetzt die Legesysteme mit einzelnen Karten zu Entscheidungsfragen. Selbstverständlich können Sie aber auch alle Karten auslegen und in ihnen die Gesamtsituation beleuchten. Eine solche Legeform gibt einen Überblick über das Wirken der 32 Kräfte, das Netzwerk dieser Kräfte, in das Sie mit Ihrer Fragerkarte Herz-Dame oder Herz-König eingebunden sind. Eine gute Zeit zum Auslegen der 32 Karten ist der Monatsbeginn: Sie können sich Orientierung verschaffen, wie sich die nächsten vier Wochen entwickeln werden. Oder Sie legen die Karten vor einem bestimmten Ereignis, etwa einer Urlaubsreise, aus.

Mischen Sie die Karten, und legen Sie sie, wie unten dargestellt, in vier Achterreihen aufgedeckt aus. In diesem Fall sind Sie der Mittelpunkt der Befragung.

Achten Sie als Erstes darauf, wo die Karte liegt, die Sie repräsentiert: für weibliche Fragesteller die Herz-Dame, für männliche der Herz-König.

Nehmen Sie sich für eine so große Befragung gut eine Stunde Zeit, um sie gründlich zu studieren.

1. Karte	2. Karte	3. Karte	4. Karte	5. Karte	6. Karte	7. Karte	8. Karte
9. Karte	10. Karte	11. Karte	12. Karte	13. Karte	14. Karte	15. Karte	16. Karte
17. Karte	18. Karte	19. Karte	20. Karte	21. Karte	22. Karte	23. Karte	Karo-König
Karo-10	Herz-8	Karo-7	Pik-8	Kreuz-7	Herz-Dame	Pik-Bube	32. Karte

Und dann sehen Sie, welche Karte rechts und links von Ihnen liegt, bis Sie zur nächsten Person kommen. Das könnte beispielsweise folgendermaßen aussehen:

Sie finden – als Dame – Ihre Personenkarte in der letzten Reihe auf Position 30. Rechts davon tritt der Pik-Bube in Aktion, also ein uniformierter Vertreter der Ordnung und Wahrheit. Kennen Sie einen solchen Menschen, z. B. einen Polizisten, Feuerwehrmann oder eine Stewardess, dann können Sie ihn mit dem entsprechenden Namen bezeichnen. Kennen Sie niemanden, der berufsmäßig Uniform trägt, machen Sie sich auf die Begegnung mit einem solchen Menschen gefasst.

Nicht auszuschließen ist, dass ein Zusammenhang mit der Nachricht (Kreuz-Sieben) besteht, die Sie in Kürze erhalten und die Ärger (Pik-Acht) macht. Dann sollten Sie sich z. B. genau an Geschwindigkeitsbegrenzungen halten, damit Ihnen kein Bußgeldbescheid ins Haus flattert. Dieser Ärger hält sich jedoch in Grenzen, denn die Karo-Sieben sagt Ihnen, dass im Beruf (Herz-Acht) ein Wunsch in Erfüllung geht; es gibt mehr Geld (Karo-Zehn), vermutlich weil Sie dem Karo-König, Ihrem Chef, positiv aufgefallen sind.

Eine Legung aller Karten in allen Häusern ist recht zeitaufwändig, und das Ergebnis sollten Sie immer schriftlich festhalten; so lernen Sie das Zusammenspiel der Kräfte am besten kennen.

Legesystem auf der Basis der 32 Häuser

Eine umfassende Analyse Ihrer Lebenssituation und des Spiels der Kräfte darin bietet das Legesystem auf der Basis der 32 Häuser. Für dieses Legesystem benötigen Sie alle 32 Karten, die ihren »Häusern« entsprechend ausgelegt werden (siehe nächste Seite).

Jede Position bei diesem Schema wird als »Haus« bezeichnet, jedes Haus hat eine bestimmte Bedeutung. Wenn Sie die gemischten Karten darauf auslegen, erhalten Sie 32 Kombinationen zu allen erdenklichen Fragen des Lebens. Auch die Antwort auf Ihre Frage wird unter ihnen sein.

Sie können das Schema umfassend in jeder Position deuten; das verlangt, dass Sie sich intensiv mit Ihrem Leben beschäftigen, wozu sicherlich nicht jede Woche Gelegenheit und/oder Anlass besteht. Aber z. B. zum

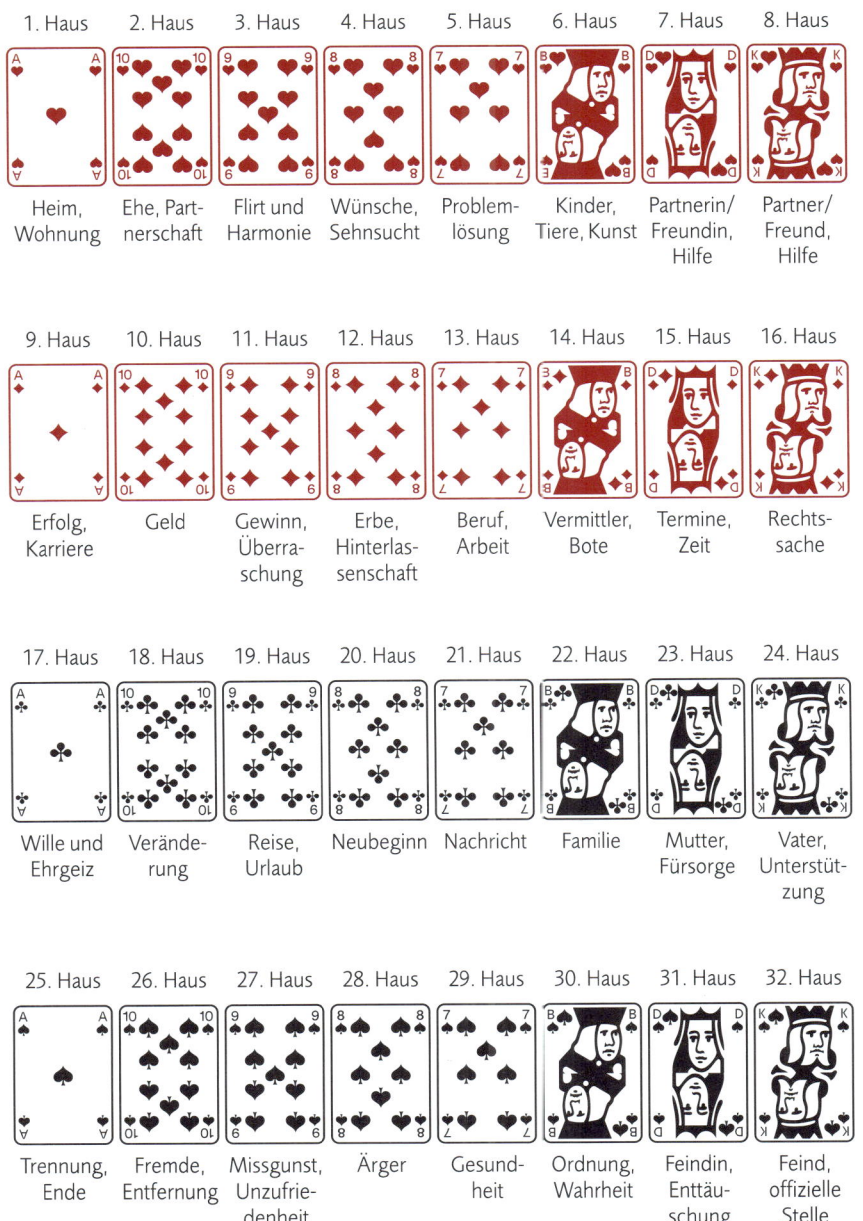

1. Haus	2. Haus	3. Haus	4. Haus	5. Haus	6. Haus	7. Haus	8. Haus
Heim, Wohnung	Ehe, Partnerschaft	Flirt und Harmonie	Wünsche, Sehnsucht	Problemlösung	Kinder, Tiere, Kunst	Partnerin/ Freundin, Hilfe	Partner/ Freund, Hilfe

9. Haus	10. Haus	11. Haus	12. Haus	13. Haus	14. Haus	15. Haus	16. Haus
Erfolg, Karriere	Geld	Gewinn, Überraschung	Erbe, Hinterlassenschaft	Beruf, Arbeit	Vermittler, Bote	Termine, Zeit	Rechtssache

17. Haus	18. Haus	19. Haus	20. Haus	21. Haus	22. Haus	23. Haus	24. Haus
Wille und Ehrgeiz	Veränderung	Reise, Urlaub	Neubeginn	Nachricht	Familie	Mutter, Fürsorge	Vater, Unterstützung

25. Haus	26. Haus	27. Haus	28. Haus	29. Haus	30. Haus	31. Haus	32. Haus
Trennung, Ende	Fremde, Entfernung	Missgunst, Unzufriedenheit	Ärger	Gesundheit	Ordnung, Wahrheit	Feindin, Enttäuschung	Feind, offizielle Stelle

29

Geburtstag, zum Jahreswechsel oder zu Zeiten, in denen sich schicksalhafte Wendungen abzeichnen, kann die komplexe Deutung äußerst hilfreich sein. Andererseits können Sie auch nur einzelne Themenbereiche aufgreifen, beispielsweise die Frage nach der Gesundheit oder nach dem beruflichen Vorwärtskommen.

Das Häusersystem

Das Häusersystem befasst sich mit den gleichen Themen wie die Karten. Betrachten Sie die Häuser als feststehende Begriffe, zu denen die beweglichen Karten die Deutung ergeben.

Mischen Sie die Karten so lange, bis Sie das Gefühl haben, Sie können sie auslegen. Breiten Sie sie dann in vier Achterreihen aufgedeckt vor sich aus. Deuten Sie dann – je nachdem, was Ihnen gegenwärtig angesagt erscheint – entweder das ganze System oder die Häuser und Karten, die Ihre Frage betreffen.

Sie können auch mit zwei Kartenspielen arbeiten, indem Sie das erste Spiel geordnet nach den Häusern auslegen und das zweite, gemischte darüberdecken.

Zur anschaulichen Unterstützung können Sie sich dieses Legesystem auf einem großen Blatt Papier im DIN-A0-Format selbst anfertigen. Zu diesem Zweck zeichnen Sie 32 Kästchen in vier Achterreihen auf. Die Kästchen müssen etwas länger sein als die Spielkarten, welche Sie für Ihre Befragung verwenden, damit an ihrem oberen Rand auch ausreichend Platz ist, wo Sie jeweils die Nummer des Hauses und dessen Grundbedeutung eintragen können.

Nach einiger Zeit der Übung, wenn Ihnen die einzelnen Begriffe vertraut geworden sind, werden Sie vermutlich auf dieses Blatt verzichten können, oder Sie gestalten sich Ihre eigene Häusertabelle, in die Sie Ergänzungen zu den Themen einbringen.

Denken Sie immer daran: Häuser und Karten betreffen die lebendige Umwelt und Ihren persönlichen Erfahrungsschatz. Darum gibt es Modifikationen in den Deutungen, die speziell für Sie gelten, weil sie sich aus *Ihrem* Leben ergeben.

Sie finden im nächsten Kapitel (siehe Seite 34ff.) einen Deutungskatalog, der Ihnen detailliert aufführt, was eine Karte in dem jeweiligen Haus aussagt. Sehen Sie sich übungshalber, als Vorbereitung auf Ihre persönliche Kartenbefragung einmal folgendes Legebeispiel an:

1. Haus	2. Haus	3. Haus	4. Haus	5. Haus	6. Haus	7. Haus	8. Haus
9. Haus	10. Haus	11. Haus	12. Haus	13. Haus	K♠	15. Haus	16. Haus
17. Haus	18. Haus	7♠	20. Haus	21. Haus	22. Haus	23. Haus	24. Haus
25. Haus	26. Haus	27. Haus	28. Haus	B♦	30. Haus	31. Haus	32. Haus

Lassen Sie bei der Deutung der Kartenpaare auch immer Ihre Intuition zu! Die Deutungen in den nachfolgenden Tabellen sind als Vorschläge zu werten, nicht als unabdingbare Wahrheiten.

Sie haben eine Frage zum Thema Ihrer Gesundheit gestellt. Als Erstes werden Sie nachsehen, welche Karte im 29. Haus (Gesundheit) liegt. Finden Sie dort beispielsweise den Karo-Buben (Vermittler/Bote), schlagen Sie die entsprechende Deutung unter Karo-Bube nach. Sie erhalten die Auskunft: »Sie bekommen einen guten Rat, der Ihre Gesundheit betrifft« (siehe Seite 55). Schauen Sie dann nach, wo die Pik-Sieben (Gesundheit) liegt. Diese Position ergänzt die erste Aussage. Finden Sie die Pik-Sieben, wie in unserem Beispiel, im 19. Haus der »Kleinen Reise«, dann bedeutet das in diesem Zusammenhang: »Wegen Ihres Gesundheitszustands müssen Sie sich von anderen fernhalten. Kur« (siehe Seite 77). Ergänzend können Sie noch im Haus des Karo-Buben (der ja im Haus der Gesundheit liegt), dem 14. Haus, nachsehen und die entsprechende Karte deuten. Sollte etwa der Pik-König an dieser Stelle liegen, müssen Sie nicht unbedingt Feindseligkeiten erwarten, sondern jemand vermittelt Ihnen offizielle Kontakte (siehe Seite 55).

31

Insgesamt können Sie aus den Deutungen herauslesen, dass Ihnen jemand rät, Ihren Gesundheitszustand durch Erholung zu verbessern, und dass Sie – etwa durch Ihren Arzt oder die Krankenversicherung – einen Hinweis auf eine gute Kurklinik oder ein Wellnessprogramm bekommen. Wäre es so schlecht, sich nach diesem Rat zu richten?

Legesysteme mit Kombinationen

Mit Kartenpaarungen arbeiten auch andere Legesysteme; das Zusammenspiel von zwei Kräften gibt immer interessante Aufschlüsse über die Situation.

Ein weiterer Nutzen ergibt sich aus dem Spiel der Kombinationen, wenn Sie Kartenpaare ziehen. Hierbei bestimmt eine Karte das Thema, die andere liefert die Deutung. Die Paarungen können Sie ebenfalls im Deutungskatalog nachlesen.

Die Problemreihe

Mit drei Paaren kommen Sie einem Problem auf die Spur. Mischen Sie; ziehen Sie drei Karten, decken Sie sie untereinander vor sich auf, und ziehen Sie noch mal drei, die Sie rechts neben die erste Reihe legen. Nehmen wir als Beispiel ein berufliches Problem: Sie fühlen sich an Ihrem Arbeitsplatz ausgesprochen unglücklich und haben den Eindruck, dass Sie in einer Sackgasse stecken. Nach dem Auslegen der Karten ergibt sich das auf der folgenden Seite dargestellte Bild:

Quer gelesen: 1 und 4 stehen für das Problem, 2 und 5 für die Ursache, 3 und 6 für das Heilmittel.

Die erste Längsspalte sind die »Häuser«. Schauen Sie nach, was Kreuz-Ass im 10. Haus bedeutet. Dazu schlagen Sie die Deutungen unter dem Kreuz-Ass nach. Im 10. Haus steht: »Ihr Ehrgeiz und Ihre Durchsetzungskraft werden mit Geld honoriert« (siehe Seite 59).

Schlagen Sie dann in der Tabelle Karo-Ass nach, was unter dem 4. Haus zu finden ist: »Sie haben den Wunsch nach beruflicher Karriere oder Erfolg« (siehe Seite 47).

10. Haus

4. Haus

15. Haus

In der Tabelle des Kreuz-Königs finden Sie schließlich im 15. Haus den Hinweis: »Nehmen Sie sich Zeit für Ihren Vater« (siehe Seite 70).

Daraus ergibt sich eine Analyse des Problems, die etwa so lauten kann: Sie bekommen zwar ein recht gutes Gehalt, aber eigentlich ist Ihnen mehr daran gelegen, Kompetenz, Einfluss oder Ansehen zu gewinnen. Kurz: Sie möchten Karriere machen. Man schätzt Sie zwar als gut bezahlten Spezialisten, aber bei Beförderungen hat man Sie wohl übersehen. Abhilfe können Sie dadurch schaffen, dass Sie sich mehr Zeit für Ihren Vater nehmen.

Das mag auf den ersten Blick ein unsinniger Rat sein. Denken Sie trotzdem mal darüber nach. Wenn Sie spontan der Meinung sind: »Meinen Vater interessiert meine Karriere doch überhaupt nicht!«, dann sollten Sie sich im nächsten Atemzug fragen: »Wirklich nicht?« und einfach den Rat befolgen. Warten Sie ab, was passiert. Wenn Sie keinen Vater mehr haben, erinnern Sie sich bitte daran, dass der Kreuz-König auch für einen väterlichen Freund und Förderer steht. Und für den kann man doch mal wieder etwas Zeit opfern...

Auch unsinnige oder unverständliche Deutungen mögen einen verborgenen Sinn haben. Gerade über sie lohnt es sich nachzudenken.

Karten lesen mit Intuition

Bevor Sie jetzt anfangen, die Karten zu legen und zu deuten, möchte ich Ihnen noch einen guten Rat mit auf den Weg geben: Zu wissen, was die einzelnen Karten bedeuten, und die Karten zu lesen, das sind zwei ganz unterschiedliche Dinge.

Das Lesen bedingt immer, dass Ihre Intuition mit im Spiel ist. Die Botschaften eines Orakels liegen nicht nur in den Zeichen, Bildern und Symbolen, sondern sie sind auch der Schlüssel zum Tor in das Reich unseres Unbewussten.

Deutung der Karten in den Häusern

Wie die Tabellen zu lesen sind

Im Folgenden werden Ihnen Deutungsvorschläge gemacht, die Ihnen den Einstieg ins Kartenlesen erleichtern sollen, es geht nicht um eine feststehende und endgültige Deutung. Die können Sie nur selbst herausfinden, denn nur Sie kennen Ihre Frage, und Sie allein sind mit Ihrer speziellen Gefühlslage bestens vertraut.

Die Darstellung auf Seite 29 sollten Sie bei der Deutung der Tabellen immer zur Hand haben, um die entsprechenden Häuser und damit die Ergänzungskarten herauszufinden.

Im Folgenden sehen Sie für jede Karte die Bedeutung, die sie mit einer der anderen 31 restlichen Karten zusammen besitzt. Insgesamt sind das über 1000 mögliche Kombinationen.

Wenn Sie also wissen wollen, was das Herz-Ass im 3. Haus bedeutet, finden Sie diese Information unter der Überschrift »Herz-Ass in den Häusern 1–8« (siehe Seite 35).

Wenn Ihnen diese Information nicht ausreicht, sollten Sie darüber hinaus aber auch immer nachsehen, welche Karte auf der Position liegt, die das Herz-Ass repräsentiert. In diesem Fall ist es das 1. Haus. Dazu schlagen Sie die Darstellung auf Seite 29 auf, die Ihnen zeigt, wo die Häuser platziert sind.

Oder wenn beispielsweise die Pik-Sieben im Haus 12 liegt, dann schauen Sie in dieser Darstellung nach und finden, dass das 12. Haus der Karo-Acht entspricht. Deuten Sie auch die Karo-Acht auf ihrer speziellen Position (Erbe, Hinterlassenschaft).

Noch weiter verfeinern und präzisieren können Sie die Aussage, wenn Sie das Haus der Pik-Sieben, nämlich das 29. Haus, mit der darauf liegenden Karte deuten.

Auf den Seiten 35 bis 82 finden Sie zu jedem Haus der 32 Karten einen Deutungsvorschlag. Ihre Aufgabe ist es, den Sinn auf Ihre persönliche Lage zu übertragen und die Botschaft zu entschlüsseln.

Herz-Ass in den Häusern 1–8

Beachten Sie auch die Karte im 2. Haus.

1	Neue Wohnung oder Einrichtung.	
2	Ihr Partner hat Immobilienbesitz oder ist aus der Baubranche.	
3	Liebe zum eigenen Heim, harmonische Wohnverhältnisse.	
4	Sie haben den Wunsch nach einem Wohnungswechsel.	
5	Ein Problem löst sich nach Umzug oder Umgestaltung des Heims.	
6	Kinder besuchen Sie, oder Sie finden ein Haustier oder Kunstwerk.	
7	In der Nachbarschaft finden Sie eine gute Freundin.	
8	In der Nachbarschaft finden Sie einen guten Freund.	

Herz-Ass in den Häusern 9–16

9	Eine Karriere durch Immobilien oder Arbeit zu Hause.	
10	Sie verkaufen oder vermieten etwas günstig.	
11	Überraschender Wohnungswechsel, Sie finden eine günstige Wohnung.	

12	Sie vererben Ihr Heim oder suchen einen Nachmieter.	
13	Innenarchitekt, Bauunternehmer, Hausmeister.	
14	Immobilienmakler, aber auch Mieterschutzbund.	
15	Nehmen Sie sich Zeit für Ihr Heim und Eigentum.	
16	Immobilienvertrag oder Rechtsstreit wegen Eigentum.	

Herz-Ass in den Häusern 17–24

17	Sie investieren viel Energie in Ihr Heim.	
18	Ein Wohnortwechsel bringt eine Veränderung in Ihr Leben.	
19	Sie machen Urlaub zu Hause oder finden eine größere Wohnung.	
20	Neugestaltung des Heimes oder ein Neubau.	
21	Nachbarschaftsklatsch oder Anwohnerinitiative.	
22	Sie nehmen Familienangehörige in Ihr Heim auf.	

| 23 | Ihre Mutter bestimmt die Wohnverhältnisse. | |
| 24 | Ihr Vater bestimmt die Wohnverhältnisse. | |

Herz-Ass in den Häusern 25–32

25	Sie werfen jemanden aus der Wohnung.	
26	Eingewöhnungsschwierigkeiten in der heimischen Umgebung.	
27	Unzufriedenheit mit den Wohnverhältnissen.	
28	Ärger durch Nachbarn oder Vermieter.	
29	Die Wohnumgebung beeinflusst Ihre Gesundheit.	
30	Bringen Sie Ihre Eigentumsangelegenheiten in Ordnung.	
31	Ihre Wohnverhältnisse frustrieren Sie.	
32	Vorsicht vor Besitzgier und Geiz.	

Herz-Zehn in den Häusern 1–8

Beachten Sie auch die Karte im 2. Haus.

1	Eigentum in der Ehe oder Partnerschaft/Gemeinsame Wohnung mit dem Partner.	
2	Eine Hochzeit oder Partnerschaft.	
3	Eine Affäre mit einem verheirateten Partner.	
4	Sie wünschen sich eine Ehe/Partnerschaft.	
5	Ihre Probleme lösen sich durch den Partner.	
6	Sie werden Kinder in der Ehe/Partnerschaft haben.	
7	In der Familie Ihres Partners finden Sie eine gute Freundin.	
8	In der Familie Ihres Partners finden Sie einen guten Freund.	

Herz-Zehn in den Häusern 9–16

| 9 | Ihr Partner unterstützt Ihre Karriere oder Ihre Erfolge. | |
| 10 | Ihr Partner ist wohlhabend. | |

11 Überraschende Partner-
schaft, aus der ein
kleiner Gewinn erwächst.

12 Ein Erbe/Hinterlassen-
schaft durch Ihren Partner
oder seine Familie.

13 Sie sind im gleichen Job
wie der Partner oder als
Hausfrau/Hausmann tätig.

14 Heiratsvermittler,
Partnervermittlung.

15 Nehmen Sie sich Zeit für
den Partner.

16 Heiratsurkunde,
Partnerschaftsvertrag,
Ehevertrag.

Herz-Zehn in den Häusern 17–24

17 In Ihrer Ehe/Partnerschaft
dominieren Sie, Ihre
Beziehung macht Sie stark.

18 In Ihrem Leben kommt es
zu großen Veränderungen
durch Partnerschaft/Ehe.

19 Hochzeitsreise, aber auch
ein getrennter Urlaub, um
Abstand zu gewinnen.

20 Es gibt einen Neuanfang
durch Heirat oder
Partnerschaft.

21 Besprechen Sie sich mit
Ihrem Partner.

22 Sie gründen eine Familie/
Ihr Partner hat Kinder.

23 Mutter unterstützt
die Familie.

24 Vater unterstützt
die Familie.

Herz-Zehn in den Häusern 25–32

25 Ihre Ehe/Partnerschaft
trennt Sie von Familie
und Freunden.

26 Vorsicht, Sie entfremden
sich von Ihrem Partner.

27 Sie sind unzufrieden in
der Ehe/Partnerschaft.

28 Es gibt Ärger und Streit
mit dem Partner.

29 Ihre Ehe/Partnerschaft
beeinflusst Ihre
Gesundheit.

30 Bringen Sie Ordnung
in die Ehe/Partnerschaft.

31 Sie sind enttäuscht von
Ihrer Beziehung: Untreue/
Sich-auseinander-leben.

32 Sie begleiten Ihren
Partner bei offiziellen
Veranstaltungen.

Herz-Neun in den Häusern 1–8

Beachten Sie auch die Karte im 3. Haus.

1 Sie leben in harmonischen Wohnverhältnissen.

2 Eine Verliebtheit führt zur festen Beziehung.

3 Große Liebe.

4 Sie wünschen sich Liebe und Erotik.

5 Ihr Problem löst sich in Wohlgefallen auf.

6 Kinder und Tiere lieben Sie. Sie umgeben sich gern mit schönen Dingen.

7 Aus Freundschaft wird Liebe. Harmonische Beziehung zu einer Freundin.

8 Aus Freundschaft wird Liebe. Harmonische Beziehung zu einem Freund.

Herz-Neun in den Häusern 9–16

9 Bringen Sie Karriere und Beziehungen in Einklang, damit Sie in einem harmonischen Umfeld leben.

10 Ein reicher Liebhaber.

11 Eine riskante Liebesaffäre.

12 Sie erhalten eine Hinterlassenschaft von jemandem, der Sie liebt.

13 Sozialarbeit oder Prostitution.

14 Eine Verhandlung nimmt einen harmonischen Verlauf.

15 Nehmen Sie sich Zeit für die Liebe.

16 Ein vertrauenswürdiger Vertragspartner.

Herz-Neun in den Häusern 17–24

17 Verschwenden Sie nicht zu viel Energie in Liebschaften.

18 Eine Affäre verändert Ihr Leben.

19 Sie reisen zu Ihrem Liebsten.

20 Eine Liebe veranlasst Sie, mit etwas Neuem zu beginnen.

21 Liebesgeflüster – oder jemand redet Gutes über Sie.

22	Sie pflegen ein liebevolles Familienleben.
23	Ein harmonisches Verhältnis zur Mutter.
24	Ein harmonisches Verhältnis zum Vater.

Herz-Neun in den Häusern 25–32

25	Eine Affäre zerstört Ihr Leben.
26	Eine Affäre mit einem Unbekannten oder Ausländer.
27	Sie sind unzufrieden mit Ihrem Liebesleben.
28	Es gibt Streit zwischen Liebenden.
29	Ein gebrochenes Herz und Liebeskummer machen Sie krank.
30	Verlieren Sie nicht den Kopf wegen einer Romanze.
31	Eine enttäuschende Liebschaft.
32	Sie betrachten eine Romanze sehr kaltherzig.

Herz-Acht in den Häusern 1–8

Beachten Sie auch die Karte im 4. Haus.

1	Ihr Wohnungswunsch geht in Erfüllung. Das Traumhaus rückt nahe.
2	Ihr Wunsch nach Partnerschaft oder Heirat wird erfüllt.
3	Ihr Wunsch nach einer Liebesaffäre geht in Erfüllung.
4	Ihr Wunsch geht in Erfüllung.
5	Ihre Probleme lösen sich wie gewünscht.
6	Ihr Wunsch erfüllt sich durch Kreativität, Kinder oder Tiere.
7	Ihr Wunsch nach einer Freundin geht in Erfüllung.
8	Ihr Wunsch nach Freundschaft geht in Erfüllung.

Herz-Acht in den Häusern 9–16

9	Ihr Karriere- oder Erfolgswunsch geht in Erfüllung.
10	Ihr Wunsch nach Geld geht in Erfüllung.
11	Ein Wunsch geht überraschend in Erfüllung.

12 Ihr Wunsch erfüllt sich durch Erbe oder eine Nachfolge.

13 Ihr Berufswunsch erfüllt sich.

14 Ihre Wünsche gehen durch eine Vermittlung in Erfüllung.

15 Ihr Wunsch nach mehr Zeit geht in Erfüllung.

16 Wunsch nach vertraglicher Sicherheit oder Gerechtigkeit erfüllt sich.

Herz-Acht in den Häusern 17–24

17 Ihr Wunsch nach mehr Energie geht in Erfüllung.

18 Wunsch nach Veränderung geht in Erfüllung.

19 Ihr Wunsch nach Reisen oder Urlaub geht in Erfüllung.

20 Ihr Wunsch nach einem neuen Anfang wird erfüllt.

21 Ihr Wunsch nach mehr Kommunikation erfüllt sich.

22 Ihr Wunsch nach Familie erfüllt sich.

23 Ihre Mutter erfüllt Ihre Wünsche, oder Sie werden schwanger.

24 Ihr Vater erfüllt Ihren Wunsch, oder Sie werden Vater.

Herz-Acht in den Häusern 25–32

25 Ihr Wunsch nach Trennung erfüllt sich.

26 Ihr Wunsch nach Abstand geht in Erfüllung.

27 Sie werden unzufrieden damit sein, wie sich ein Wunsch erfüllt.

28 Wenn sich Ihr Wunsch erfüllt, werden Sie sich ärgern.

29 Ihr Wunsch nach Genesung geht in Erfüllung.

30 Ihr Verlangen nach Wahrheit wird erfüllt.

31 Die Erfüllung eines Wunsches enttäuscht Sie.

32 Ihr Wunsch nach offizieller Bestätigung geht in Erfüllung.

Herz-Sieben in den Häusern 1–8

Beachten Sie auch die Karte im 5. Haus.

1   Die Probleme mit dem
    Haus oder der Wohnung
    lösen sich.

2   Die Ehe-/Partner-
    probleme lösen sich.

3   Mit Liebe können die
    Probleme gelöst werden.

4   Sie wünschen sich, dass
    sich Ihre Probleme lösen.

5   Eine problemlose Phase
    beginnt.

6   Sie sind sehr kreativ im
    Lösen von Problemen.

7   Die Probleme mit einer
    Freundin lösen sich.

8   Die Probleme mit einem
    Freund lösen sich.

Herz-Sieben in den Häusern 9–16

9   Sie haben Erfolg oder
    machen Karriere, weil Sie
    hervorragend Probleme
    lösen können.

10 Ein guter Rat von Ihnen
    bringt Ihnen Geld.

11 Wenn Sie das Problem
    lösen, erleben Sie eine
    Überraschung.

12 Es lohnt sich für Sie, für
    jemand andern ein
    Problem zu lösen.

13 Manager, Organisator,
    jede Art von Ratgeber.

14 Verhandeln Sie über eine
    Problemlösung.

15 Die Zeit löst alle
    Probleme.

16 Eine unangenehme
    Rechtsangelegenheit
    findet ein gutes Ende.

Herz-Sieben in den Häusern 17–24

17 Wenn ein Problem gelöst
    ist, werden Sie voller
    Energie sein.

18 Wenn ein Problem gelöst
    ist, wird eine große
    Veränderung eintreten.

19 Ihre Probleme lösen sich
    im Urlaub oder auf
    Reisen.

20 Wenn die Probleme gelöst
    sind, gibt es einen
    Neuanfang.

21 Kommunikationspro-
    bleme lösen sich.

41

22   Ein Problem mit der Familie löst sich.

23   Ein Problem mit der Mutter löst sich.

24   Ein Problem mit dem Vater löst sich.

Herz-Sieben in den Häusern 25–32

25   Nach einem guten Ende trennen Sie sich von jemandem oder von etwas.

26   Das Problem mit der Entfernung löst sich.

27   Sie sind unzufrieden, weil sich zu viele Probleme aufgetürmt haben.

28   Ein Problem löst sich nicht befriedigend.

29   Die gesundheitlichen Probleme lösen sich.

30   Wenn Sie Ordnung schaffen, löst sich ein Problem.

31   Unbefriedigende Problemlösung.

32   Sie bekommen offizielle Anerkennung für Ihre Hilfe.

Herz-Bube in den Häusern 1–8

Beachten Sie auch die Karte im 6. Haus.

1   Mehr Platz für Kinder und/oder Tiere.

2   Eine Ehe/Partnerschaft mit einem Jüngeren oder Künstler.

3   Eine Affäre mit einem Jüngeren oder Künstler.

4   Sie haben den Wunsch nach Bekanntheit oder Kindern.

5   Durch kreative Arbeit, Beschäftigung mit Kindern oder Tieren löst sich Ihr Problem.

6   Kunst und Kreativität machen Sie bekannt. Sie haben ein Händchen für Kinder und/oder Tiere.

7   Eine Freundschaft mit einer Künstlerin.

8   Eine Freundschaft mit einem Künstler.

Herz-Bube in den Häusern 9–16

9   Eine Karriere oder ein Erfolg in der Kunst oder im Sport.

10   Ihre Kinder unterstützen Sie, oder Sie verkaufen Kunstwerke.

11 Taschengeld, günstiger Kunsterwerb.

12 Ein Testament zugunsten Ihrer Kinder oder des Tierheims.

13 Eine Künstlerkarriere/ Erfolg bei Kindern und/ oder Tieren.

14 Wegen Ihrer Kinder/Tiere oder künstlerischen Leistung kommen Sie in Kontakt mit anderen.

15 Nehmen Sie sich Zeit für Kinder und Haustiere oder Kunst.

16 Einsatz im Tierschutz, Kinderschutz oder Kunstgutachten.

Herz-Bube in den Häusern 17–24

17 Aus der Beschäftigung mit Kindern oder Kunst ziehen Sie viel Energie.

18 Durch Kunst, Kinder oder Tiere verändert sich etwas in Ihrem Leben.

19 Sie müssen sich freinehmen, um sich um Kinder oder Tiere zu kümmern.

20 Es gibt einen Neuanfang durch Kunst, Kinder oder Tiere.

21 Sie können gut mit Kindern umgehen. Sie haben dichterisches Talent.

22 Zu Ihrer Familie gehören Kinder und Tiere.

23 Sie sind eine fürsorgliche Mutter.

24 Sie sind ein fürsorglicher Vater.

Herz-Bube in den Häusern 25–32

25 Kinder oder Haustiere werden für Sie ein Problem.

26 Sie haben keinen guten Kontakt zu Kindern, Tieren oder Kunst.

27 Sie sind unzufrieden mit Kindern oder Jüngeren.

28 Ärger mit Kindern oder Jüngeren.

29 Kinder oder Tiere haben Einfluss auf Ihre Gesundheit.

30 Erziehen Sie Jüngere zur Ordnung.

31 Sie sind enttäuscht von Kindern oder von einem Kunstwerk.

32 Vereinsätigkeit für Kinder, Kunst oder Haustiere.

Herz-Dame in den Häusern 1–8

Beachten Sie auch die Karte im 7. Haus.

1 Sie ziehen zu einer Freundin, oder eine Freundin schenkt Ihnen etwas für Ihre Einrichtung.

2 Eine Ehe/Partnerschaft kommt durch eine Freundin zustande.

3 Versöhnung mit Ihrer Partnerin/einer Freundin.

4 Sie haben den Wunsch nach einer Freundin.

5 Ihre Partnerin/eine Freundin hilft Ihnen, Ihre Probleme zu lösen.

6 Ihre Partnerin/eine Freundin kümmert sich um Ihre Kinder oder Tiere.

7 Sie haben gute Freundinnen.

8 Durch einen Freund treffen Sie Ihre Partnerin/eine Freundin.

Herz-Dame in den Häusern 9–16

9 Sie haben Erfolg oder machen Karriere mit Hilfe Ihrer Partnerin/einer Freundin.

10 Ihre Partnerin/eine Freundin unterstützt Sie finanziell.

11 Mit Ihrer Partnerin/einer Freundin erleben Sie ein Abenteuer.

12 Ihre Partnerin/eine Freundin hinterlässt Ihnen etwas.

13 Seelsorge, Betreuung und Pflege, andere Hilfsberufe.

14 Ihre Partnerin/eine Freundin kann Ihnen etwas vermitteln.

15 Nehmen Sie sich Zeit für Ihre Partnerin/eine Freundin.

16 Eine Rechtsangelegenheit betrifft Ihre Partnerin/eine Freundin.

Herz-Dame in den Häusern 17–24

17 Ihre Partnerin/eine Freundin gibt Ihnen Kraft.

18 Ihre Partnerin/eine Freundin hilft Ihnen bei einer großen persönlichen Veränderung.

19 Ihre Partnerin/eine Freundin begleitet Sie auf einer Reise.

20 Ihre Partnerin/eine Freundin hilft Ihnen bei neuen Vorhaben.

21 Klatsch mit einer Freundin.

22	Kümmern Sie sich um die Familie Ihrer Partnerin/ einer Freundin.	
23	Ihre Mutter ist Ihre Freundin.	
24	Vertrauen Sie auf die Hilfe Ihres Vaters.	

Herz-Dame in den Häusern 25–32

25	Ihre Partnerin/eine Freundin intrigiert gegen Sie.	
26	Ihre Partnerin/eine Freundin entfremdet sich von Ihnen.	
27	Sie sind unzufrieden mit dem Verhalten Ihrer Partnerin/einer Freundin.	
28	Es gibt Ärger mit Ihrer Partnerin/einer Freundin.	
29	Ihre Partnerin/eine Freundin verhilft Ihnen zur Heilung.	
30	Ihre Partnerin/eine Freundin hilft, etwas in Ordnung zu bringen und die Wahrheit herauszufinden.	
31	Sie sind enttäuscht von Ihrer Partnerin/einer Freundin.	
32	Ihre Partnerin/eine Freundin tritt öffentlich für Sie ein.	

Herz-König in den Häusern 1–8

Beachten Sie auch die Karte im 8. Haus.

1	Sie ziehen zu Ihrem Partner/einem Freund.	
2	Ehe/Partnerschaft kommt durch einen Freund zustande.	
3	Sie versöhnen sich mit Ihrem Partner/einem Freund.	
4	Sie wünschen sich einen guten Freund.	
5	Ihr Partner/ein Freund hilft Ihnen, Ihre Probleme zu lösen.	
6	Ihr Partner/ein Freund weckt Ihr Verständnis für Kunst.	
7	Über einen Freund finden Sie Ihre Partnerin/eine Freundin.	
8	Sie haben einen wirklich guten Freund.	

Herz-König in den Häusern 9–16

9	Sie machen Karriere oder haben Erfolg durch Ihren Partner/einen Freund.	
10	Ihr Partner/ein Freund unterstützt Sie finanziell.	
11	Sie erleben ein Abenteuer mit Ihrem Partner/einem Freund.	

45

12	Ihr Partner/ein Freund hinterlässt Ihnen etwas.	
13	Beratung, Schutz und Führung.	
14	Ihr Partner/ein Freund vermittelt Ihnen etwas.	
15	Nehmen Sie sich Zeit für Ihren Partner/einen Freund.	
16	Eine Rechtssache mit Ihrem Partner/einem Freund oder wegen ihm.	

Herz-König in den Häusern 17–24

17	Ihr Partner/ein Freund unterstützt Sie energisch.	
18	Ihr Partner/ein Freund hilft Ihnen bei einer großen Veränderung in Ihrem Leben.	
19	Ihr Partner/ein Freund begleitet Sie auf einer Reise.	
20	Ihr Partner/ein Freund hilft Ihnen bei einem Neuanfang.	
21	Eine wichtige Unterhaltung mit Ihrem Partner/einem Freund.	
22	Sie nehmen einen Jungen auf oder betreuen einen Freund.	

| 23 | Sie haben einen fürsorglichen Freund oder Partner. | |
| 24 | Ihr Vater ist Ihr Freund. | |

Herz-König in den Häusern 25–32

25	Ihr Partner/ein Freund intrigiert gegen Sie.	
26	Ihr Partner/ein Freund entfremdet sich von Ihnen.	
27	Sie sind unzufrieden mit dem Verhalten Ihres Partners/eines Freundes.	
28	Es gibt Ärger mit Ihrem Partner/einem Freund.	
29	Ihr Partner/ein Freund verhilft Ihnen zur Heilung.	
30	Ihr Partner/ein Freund hilft, etwas in Ordnung zu bringen.	
31	Sie sind enttäuscht von Ihrem Partner/einem Freund.	
32	Ihr Partner/ein Freund tritt öffentlich für Sie ein.	

Karo-Ass in den Häusern 1–8

Beachten Sie auch die Karte im 9. Haus.

1 Sie brauchen ein repräsentatives Heim, oder Ihre Firma stellt Ihnen eine Wohnung. Berufliche Aufenthalte in Hotels.

2 Ehe/Partnerschaft im Widerstreit mit der Karriere.

3 Sie versuchen über eine Liebesbeziehung Karriere zu machen.

4 Sie haben den Wunsch nach beruflicher Karriere oder Erfolg.

5 Ein Problem löst sich durch den beruflichen Durchbruch oder einen Erfolg.

6 Sie helfen Jüngeren beim beruflichen Fortkommen.

7 Ihr Partner/eine Freundin unterstützt Ihre Karriere oder Ihren Erfolg.

8 Ihr Partner/ein Freund unterstützt Ihre Karriere oder Ihren Erfolg.

Karo-Ass in den Häusern 9–16

9 Der Karriere oder dem Erfolg steht nichts im Weg.

10 Ihre Karriere wird Ihnen eine hohe Bezahlung einbringen.

11 Überraschender Karrieresprung oder Erfolg, aber nur geringer Geldzuwachs.

12 Sie suchen einen Nachfolger für Ihre Tätigkeit.

13 Ihre Karriere eröffnet Ihnen neue Tätigkeitsfelder.

14 Managementberater, Trainer.

15 Wegen Ihrer Karriere oder Ihres Erfolgs wird Ihre Zeit knapp.

16 Ihr beruflicher Aufstieg oder Erfolg führt zu rechtlichen Konsequenzen.

Karo-Ass in den Häusern 17–24

17 Sie sind eine starke Führungsperson.

18 Die Karriere oder ein Erfolg verändert Ihr Leben.

19 Ihr beruflicher Erfolg erlaubt Ihnen mehr Freizeit und Reisen.

20 Ein neues Vorhaben fördert Ihre Karriere oder den Erfolg.

21 Sie haben Insiderinformationen aufgrund Ihrer Position.

| 22 | Erfolg zu haben oder Karriere zu machen ist Ihnen wichtiger als die Familie. | |

| 23 | Mutter fördert die Karriere. | |

| 24 | Vater fördert die Karriere. | |

Karo-Ass in den Häusern 25–32

| 25 | Ihre Karriere oder Ihr Erfolg trennt Sie von Ihrer Familie. | |

| 26 | Durch Ihre Karriere vernachlässigen Sie sich und andere. | |

| 27 | Sie sind unzufrieden mit dem beruflichen Werdegang. | |

| 28 | Es liegen Stolpersteine auf dem Weg zum Erfolg. | |

| 29 | Die Karriere beeinflusst Ihre Gesundheit. | |

| 30 | Planen Sie Ihre Karriere, setzen Sie Ziele. | |

| 31 | Enttäuschung, weil nicht befördert worden, oder enttäuscht vom Erfolg. | |

| 32 | Sie finden öffentliche Anerkennung. | |

Karo-Zehn in den Häusern 1–8

Beachten Sie auch die Karte im 10. Haus.

| 1 | Immobilienfinanzierung, Verkauf von Grundstücken. | |

| 2 | Geldheirat, Aufbau eines gemeinsamen Geschäfts. | |

| 3 | Eine Affäre mit einem wohlhabenden Partner. | |

| 4 | Sie wünschen sich finanzielle Sicherheit. | |

| 5 | Ein Problem löst sich durch eine Zahlung. | |

| 6 | Sie erstehen ein Kunstwerk oder ein Rassetier, das im Wert steigt. | |

| 7 | Sie unterstützen Ihre Partnerin/eine Freundin mit Geld. | |

| 8 | Sie unterstützen Ihren Partner/einen Freund mit Geld. | |

Karo-Zehn in den Häusern 9–16

| 9 | Karriere oder Erfolg im Finanzwesen, Gehaltserhöhung. | |

| 10 | Großes Geld. | |

| 11 | Überraschung im Finanzbereich, niedrige Zinsen. | |

12 Sie vererben Ihr Vermögen.

13 Finanzbereich, Banken, Versicherungen.

14 Vermögensberater.

15 Achten Sie auf termingerechte Zahlungen.

16 Sie müssen Wiedergutmachung oder Schadenersatz zahlen.

Karo-Zehn in den Häusern 17–24

17 Sie sind käuflich.

18 Geld verändert Ihr Leben.

19 Sie gewinnen eine Urlaubsreise.

20 Es gibt Startgeld für neue Vorhaben.

21 Achten Sie auf die Aktienkurse.

22 Sie werden die Familie mit Geld unterstützen.

23 Sie werden Ihre Mutter finanziell unterstützen.

24 Sie werden Ihren Vater finanziell unterstützen.

Karo-Zehn in den Häusern 25–32

25 Sie müssen jemanden abfinden oder auslösen.

26 Ihre finanzielle Situation macht Sie arrogant.

27 Sie sind unzufrieden mit der finanziellen Lage.

28 Finanzielle Schwierigkeiten.

29 Eine kostspielige Heilbehandlung.

30 Bringen Sie Ordnung in Ihre Finanzen.

31 Ihre Finanzlage ist unbefriedigend.

32 Beamtenbestechung.

Karo-Neun in den Häusern 1–8
Beachten Sie auch die Karte im 11. Haus.

1 Sie erhalten einen Zuschuss zu Ihrer Wohnung, Ihrem Haus oder Ihrer Einrichtung.

2 Eine Ehe/Partnerschaft voller Überraschungen, aber wenig Geld.

3 Eine Affäre mit einem Abenteurer.

4 Sie haben den Wunsch nach Abenteuern.

5 Eine kleine Zuwendung löst ein Problem.

6 Sie verdienen ein wenig Geld durch Ihr Hobby.

7 Sie treffen überraschend Ihre Partnerin/eine Freundin.

8 Sie treffen überraschend Ihren Partner/einen Freund.

Karo-Neun in den Häusern 9–16

9 Karriere oder Erfolg mit Risiken.

10 Sie erhalten überraschend ein wenig Geld – einen Gewinn.

11 Die größte Überraschung des Lebens.

12 Sie müssen für jemanden einspringen und bekommen dafür etwas Geld.

13 Ein schlecht bezahlter Beruf voller Überraschungen und Risiken.

14 Unterhaltungskünstler, Partyservice, Spendenverwalter.

15 Sie gewinnen überraschend Zeit für sich.

16 Ein überraschender Zeuge oder Indizien.

Karo-Neun in den Häusern 17–24

17 Sie lieben das Abenteuer und sind risikofreudig.

18 Ein Abenteuer verändert Ihr Leben.

19 Nach einer abenteuerlichen Zeit brauchen Sie Urlaub.

20 Jeder neue Anfang ist ein Abenteuer. Eine kleine Zuwendung ermöglicht Ihnen einen Neuanfang.

21 Sie bekommen eine Mitteilung über einen kleinen Gewinn.

22	Ein Familienmitglied taucht überraschend auf oder gibt Ihnen etwas Geld.	
23	Mutter sorgt für Überraschungen oder gibt Ihnen etwas Geld.	
24	Vater sorgt für Überraschungen oder gibt Ihnen etwas Geld.	

Karo-Neun in den Häusern 25–32

25	Eine unerwartete Trennung.	
26	Sie gehen sehr eigentümlichen Abenteuern nach. Seien Sie vorsichtig.	
27	Langeweile und billige Unterhaltung.	
28	Ein ärgerliches Abenteuer, das Geld kostet.	
29	Eine ungewöhnliche Heilung.	
30	Eine Wahrheit kommt überraschend ans Licht.	
31	Eine unangenehme Überraschung.	
32	Ein überraschender Behörden- oder Gebührenbescheid.	

Karo-Acht in den Häusern 1–8

Beachten Sie auch die Karte im 12. Haus.

1	Sie erben Immobilien oder Möbel.	
2	Ein gegenseitiges Testament/Ihr Partner ist verwitwet.	
3	Erinnerungsstücke aus einer Affäre.	
4	Erbschleicher.	
5	Ein Problem löst sich durch Nachfolgeregelung oder Erbe.	
6	Sie erben Kunstwerke oder Haustiere, kümmern sich um Hinterbliebene.	
7	Partner/Freundin bedenkt Sie in seinem/ihrem Testament oder empfiehlt Sie als Nachfolger.	
8	Partner/Freund bedenkt Sie in seinem Testament oder empfiehlt Sie als Nachfolger.	

Karo-Acht in den Häusern 9–16

9	Karriere oder Erfolg durch eine Nachfolge.	
10	Sie werden Geld erben.	

11	Kleines überraschendes Erbe oder Hinterlassenschaft.	
12	Sie erben etwas oder treten eine Nachfolge an.	
13	Nachlassregelung, Vormund, Verwalter, Treuhänder.	
14	Ein Erinnerungsstück oder eine Hinterlassenschaft vermittelt Ihnen eine Botschaft.	
15	Nehmen Sie sich Zeit, Ihre Nachfolge zu regeln.	
16	Erbschaftsangelegenheiten. Sie bekommen endlich etwas, was Ihnen zusteht.	

Karo-Acht in den Häusern 17–24

17	Sie müssen um ein Erbe oder bei einer Nachfolge kämpfen.	
18	Eine Hinterlassenschaft ändert Ihr Leben.	
19	Sie finden eine gute Urlaubsvertretung.	
20	Erbschaft oder Nachfolge gibt Ihnen die Möglichkeit zu einem Neuanfang.	
21	Durch eine Hinterlassenschaft erhalten Sie wichtige Informationen.	

22	Sie kümmern sich um verlassene Familienmitglieder.	
23	Sie nehmen für jemanden die Mutterstelle ein oder kümmern sich fürsorglich um jemanden.	
24	Sie vertreten die Vaterstelle oder beschützen jemanden.	

Karo-Acht in den Häusern 25–32

25	Ein Erbe oder eine Nachfolge bringt ernsthafte Belastungen.	
26	Ein Erbe oder eine Nachfolge führt Sie weit fort.	
27	Sie sind unzufrieden über das Erbe oder den Nachfolger.	
28	Erbschaftsstreitigkeiten oder Ärger mit der Nachfolge.	
29	Sie erhalten etwas, was Ihrer Gesundheit dient, oder Erbkrankheit.	
30	Bringen Sie Ordnung in eine Hinterlassenschaft.	
31	Sie sind enttäuscht vom Erbe oder Nachfolger.	
32	Sie übernehmen als Nachfolger eine offizielle Tätigkeit.	

Karo-Sieben in den Häusern 1–8

Beachten Sie auch die Karte im 13. Haus.

1 Firmenwohnung, Hotels, Kasernen, Anstalten.

2 Partnerschaft in der Firma, Fusion oder Ehe mit einem Berufskollegen.

3 Ein Flirt mit einem Berufskollegen.

4 Sie wünschen sich einen Berufswechsel.

5 Ihr Problem löst sich durch Engagement im Beruf.

6 Kreativer Beruf oder Beruf mit Kindern oder Tieren.

7 Im Beruf können Sie sich auf Ihre Partnerin/eine Freundin verlassen.

8 Im Beruf können Sie sich auf Ihren Partner/einen Freund verlassen.

Karo-Sieben in den Häusern 9–16

9 Sie werden Erfolg im Beruf haben.

10 Sie werden einen gut bezahlten Beruf haben.

11 Überraschung im Beruf oder eine kleine Gehaltserhöhung.

12 Nachfolger eines Kollegen, Vorgesetzten oder Partners.

13 Sie haben den richtigen Beruf.

14 Wichtige Verhandlungen stehen an.

15 Teilen Sie sich Ihre Zeit im Beruf besser ein.

16 Jurist oder Arbeitsvertrag wird geschlossen, Arbeitsgerichtsverfahren.

Karo-Sieben in den Häusern 17–24

17 Führungskraft, Anführer

18 Es gibt eine berufliche Veränderung.

19 Beruflich auf Reisen/im Reisegeschäft tätig.

20 Neuanfang im Beruf, Wiedereinstieg oder eine neue Stelle, Fort- und Weiterbildung.

21 Im Beruf sprechen Sie mit vielen Menschen.

22 Die Firma ist Ihre Familie, oder Ihre Familie ist Ihr Tätigkeitsfeld.

23 Mutter beeinflusst die Berufswahl und Kinder-erziehung.

24 Vater beeinflusst die Berufswahl, Familien-betrieb.

Karo-Sieben in den Häusern 25–32

25 Ihr Beruf oder Ihre Tätig-keit trennt Sie von Heim oder Familie.

26 Sie fühlen sich fremd in Ihrem Berufsumfeld.

27 Sie sind unzufrieden mit Ihrem Beruf.

28 Es gibt Ärger im Beruf oder mit Kollegen.

29 Die Arbeit lenkt Sie von Ihren Gesundheitspro-blemen ab. Ihr Job macht Sie krank.

30 Schaffen Sie Ordnung im Beruf oder in Ihren Tätigkeiten.

31 Sie sind von Ihrem Beruf oder Ihrer Tätigkeit enttäuscht.

32 Sie haben in Ihrem Beruf mit Behörden zu tun.

Karo-Bube in den Häusern 1–8

Beachten Sie auch die Karte im 14. Haus.

1 Sie finden ein Haus oder eine Wohnung durch Ver-mittlung, z. B. Makler, Agentur.

2 Ihre Ehe/Partnerschaft kommt durch Vermittlung zustande.

3 Ein »Blinddate«, eine Affäre kommt durch Vermittlung anderer zustande.

4 Sie haben den Wunsch nach Vermittlung und Verhandlungsbereitschaft.

5 Ein Problem löst sich durch Verhandlungen.

6 Literatur-, Theater- oder Kunstkritiker. Jemand vermittelt Ihnen ein Tier.

7 Eine Partnerin/eine Freun-din durch Vermittlung anderer.

8 Ein Partner/ein Freund durch Vermittlung anderer.

Karo-Bube in den Häusern 9–16

9 Sie haben in schwierigen Verhandlungen Erfolg.

10 Sie werden an einer Vermittlung Geld verdienen.

11	Unerwartetes Eingreifen eines Vermittlers.	
12	Sie übergeben jemandem wichtige Informationen.	
13	Personalberater, aber auch Abwerbung, Empfehlung.	
14	Vermitteln Sie.	
15	Jemand vermittelt Ihnen einen wichtigen Termin.	
16	Ein Prozess endet mit Vergleich, oder jemand vermittelt zwischen den Parteien.	

Karo-Bube in den Häusern 17–24

17	Sie schöpfen neue Energie aus einer unerwarteten Quelle.	
18	Eine Nachricht oder Informationen verändern Ihr Leben.	
19	Jemand empfiehlt Ihnen einen Urlaubsort.	
20	Jemand vermittelt Ihnen eine neue Aufgabe.	
21	Sie erhalten wichtige Nachrichten durch einen Dritten.	
22	In einem Familienstreit sind Sie Vermittler.	

23	Jemand vermittelt zwischen Mutter und Ihnen.	
24	Jemand vermittelt zwischen Vater und Ihnen.	

Karo-Bube in den Häusern 25–32

25	Jemand vermittelt Ihnen eine Erkenntnis.	
26	Verlassen Sie sich nicht auf Dritte, nehmen Sie direkt Kontakt auf.	
27	Unzufriedenheit mit einer Empfehlung oder dem Verhandlungsergebnis.	
28	Streit und Ärger mit einem Makler, Agenten oder Händler. Sie brechen eine Verhandlung im Streit ab.	
29	Sie bekommen einen guten Rat, der Ihre Gesundheit betrifft.	
30	Schaffen Sie Ordnung durch Diplomatie.	
31	Eine Verhandlung endet enttäuschend oder scheitert.	
32	Jemand vermittelt Ihnen offizielle Kontakte.	

Karo-Dame in den Häusern 1–8

Beachten Sie auch die Karte im 15. Haus.

1 Es dauert noch etwas, bis Sie Ihre Traumwohnung finden.

2 Späte Heirat.

3 Liebe wird erst mit der Zeit entstehen.

4 Sie haben den Wunsch nach mehr Zeit für sich.

5 Ein Problem löst sich erst nach einiger Zeit – Geduld!

6 Zeitkritische Kunst, Diskussionen mit Kindern über Termine.

7 Bis sich wahre Freundschaft entwickelt, braucht man Geduld.

8 Seien Sie geduldig mit Ihrem Partner.

Karo-Dame in den Häusern 9–16

9 Karriere oder Erfolg stellt sich im Laufe der Zeit ein.

10 Das große Geld lässt noch auf sich warten.

11 Sie bekommen einen überraschenden Termin oder etwas Geld aus Zinsen.

12 Eine Hinterlassenschaft lässt auf sich warten.

13 Uhrmacher, Sekretär, Landwirt, Gärtner.

14 Verhandlungen ziehen sich lange Zeit hin.

15 Üben Sie sich in Geduld.

16 Eine Rechtsangelegenheit ist verjährt oder zögert sich hinaus.

Karo-Dame in den Häusern 17–24

17 Teilen Sie Ihre Energien besser ein, machen Sie Pause.

18 Eine Veränderung braucht ihre Zeit.

19 Setzen Sie den Termin für Ihren nächsten Urlaub fest.

20 Neue Aufgaben lassen auf sich warten.

21 Neuigkeiten oder Nachrichten verzögern sich.

22 Familiengründung erst spät.

| 23 | Mutter hat lange Einfluss auf Sie. | |

| 24 | Vater hat lange Einfluss auf Sie. | |

Karo-Dame in den Häusern 25–32

| 25 | Eine lange Trennung oder Verspätung. | |

| 26 | Sie haben zu wenig Zeit für sich und andere. | |

| 27 | Lang andauernde Unzufriedenheit. | |

| 28 | Lang andauernder Ärger. | |

| 29 | Die endgültige Heilung braucht ihre Zeit, doch die Zeit heilt alle Wunden. | |

| 30 | Früher oder später kommt die Wahrheit ans Licht. | |

| 31 | Eine lang anhaltende Enttäuschung. | |

| 32 | Achten Sie darauf, dass Sie offizielle Termine einhalten. | |

Karo-König in den Häusern 1–8

Beachten Sie auch die Karte im 16. Haus.

| 1 | Ein Vertrag über Eigentum wird geschlossen. | |

| 2 | Ehe mit einem Juristen oder Ehevertrag/Partnerschaftsvertrag. | |

| 3 | Eine Affäre mit einem Juristen oder einem Prozessgegner. | |

| 4 | Sie haben den Wunsch nach Gerechtigkeit. | |

| 5 | Ein Problem löst sich durch ein gerichtliches Verfahren. | |

| 6 | Rechtsstreit wegen Urheberrecht, Sorgerecht, Tierquälerei. | |

| 7 | Ihr Partner/eine Freundin sagt für Sie aus oder bürgt für Sie. | |

| 8 | Ihr Partner/ein Freund sagt für Sie aus oder bürgt für Sie. | |

Karo-König in den Häusern 9–16

| 9 | Karriere oder Erfolg im Rechtswesen oder erfolgreiche Klage gegen einen Arbeitgeber. | |

| 10 | Geld aus einer Rechtssache/Abfindung, Schadensersatz. | |

11 Eine unerwartete Wendung in einem Prozess, eine überraschende Anklage, ein Bußgeld.

12 Sie gewinnen einen Erbschaftsstreit, eine Nachfolgeregelung.

13 Beruf im Rechtswesen.

14 Gerichtlicher Vergleich.

15 Bevor Sie rechtliche Schritte unternehmen, warten Sie einen Tag.

16 Reichen Sie schriftliche Beschwerden ein.

Karo-König in den Häusern 17–24

17 Sie werden etwas rechtlich durchsetzen.

18 Eine Rechtsangelegenheit führt zu einer großen Veränderung in Ihrem Leben.

19 Eine Haftstrafe, Berufsverbot oder Lokalverbot.

20 Beginnen Sie ein neues Vorhaben nach rechtlicher Klärung.

21 Sie erhalten Informationen, die für eine Rechtssache wichtig sind.

22 Ein Fall von Sorgerecht oder Vormundschaft in der Familie.

23 Sorgerecht, Adoption, Vormundschaft, Pflege.

24 Vaterschaftsdokumente oder -nachweis.

Karo-König in den Häusern 25–32

25 Rechtsbruch, Vertragsbruch, Auflösungsvertrag, Kündigung.

26 Eine Rechtsangelegenheit führt Sie weit fort.

27 Sie fühlen sich ungerecht behandelt.

28 Niederlage in einem Rechtsstreit.

29 Schadensersatz, Versicherungsleistungen oder Schmerzensgeld.

30 Nur die Wahrheit führt zu Gerechtigkeit.

31 Sie werden ungerecht behandelt.

32 Sie werden als Zeuge oder Schöffe an einer Verhandlung teilnehmen oder einen Rechtstitel erwerben.

Kreuz-Ass in den Häusern 1–8

Beachten Sie auch die Karte im 17. Haus.

1 Durch Eigeninitiative finden Sie Ihr Traumhaus.

2 Eine gesellschaftlich nützliche Partnerschaft.

3 Sie kämpfen um eine Liebe.

4 Sie wünschen sich mehr Durchsetzungskraft oder Statussymbole.

5 Ihr Einsatz löst das Problem.

6 Überfordern Sie Kinder und Tiere nicht, Kreativität kann man nicht erzwingen.

7 Sie bemühen sich um Ihren Partner/eine Freundin.

8 Sie bemühen sich um Ihren Partner/einen Freund.

Kreuz-Ass in den Häusern 9–16

9 Sie machen Karriere oder haben Erfolg durch Ehrgeiz und Kampf.

10 Ihr Ehrgeiz und Ihre Durchsetzungskraft werden mit Geld honoriert.

11 Sie müssen sich sehr anstrengen, um ein wenig Geld zu erhalten.

12 Sie fechten ein Testament an oder kämpfen um eine Nachfolge.

13 Ihr Beruf oder eine Tätigkeit weckt Ihren Ehrgeiz.

14 Sie sind ein kompromissloser Verhandlungspartner.

15 Sie setzen zu enge Termine. Zeitdruck.

16 Sie kämpfen für Ihr Recht.

Kreuz-Ass in den Häusern 17–24

17 Schießen Sie nicht über das Ziel hinaus.

18 Manches kann man nicht mit Gewalt ändern. Verfolgen Sie Ihre guten Vorsätze.

19 Aktivurlaub, Urlaub oder Auto als Statussymbol.

20 Sie gehen ehrgeizig an neue Vorhaben heran.

21 Sie sind immer bestens informiert.

22	Sie halten die Familie zusammen.	
23	Sie sind übertrieben fürsorglich oder eine »Übermutter«.	
24	Sie fordern übertriebenen Ehrgeiz oder einen »Übervater«.	

Kreuz-Ass in den Häusern 25–32

25	Sie beenden willentlich eine Situation.	
26	Übertriebener Ehrgeiz führt zu Entfremdung.	
27	Frustration.	
28	Machtkämpfe.	
29	Durch Ihren Willen heilen Sie andere und sich selbst.	
30	Zwanghafter Ordnungssinn.	
31	Sie laufen gegen eine Wand.	
32	Durch Ihren Ehrgeiz gewinnen Sie öffentliche Anerkennung oder ein Amt.	

Kreuz-Zehn in den Häusern 1–8

Beachten Sie auch die Karte im 18. Haus.

1	Der richtige Zeitpunkt für eine Veränderung in den Wohnverhältnissen.	
2	Lange Trennungen in Ehe/Partnerschaft.	
3	Wenn Sie Ihr Leben verändern, finden Sie zu mehr Harmonie.	
4	Sie haben den Wunsch, etwas zu verändern.	
5	Sie lösen Ihr Problem, indem Sie Ihr Leben verändern.	
6	Eine Veränderung weckt Ihre Kreativität.	
7	Weil Sie sich ändern, finden Sie Ihre Partnerin/ eine Freundin.	
8	Weil Sie sich ändern, finden Sie Ihren Partner/ einen Freund.	

Kreuz-Zehn in den Häusern 9–16

9	Sie machen Karriere durch einen Berufswechsel oder im Reisegeschäft.	
10	Eine Änderung Ihres Lebens bringt Ihnen Geld.	

11 Sie verändern etwas in Ihrem Leben, was zu Überraschungen führt.

12 Eine Änderung in Ihrem Leben bringt Ihnen eine Nachfolge oder ein Erbe.

13 Pilot, Fernfahrer, Zugführer, aber auch Weiterbildung.

14 Nach einer Änderung müssen Sie neu verhandeln.

15 Eine Veränderung in Ihrem Leben gibt Ihnen ein neues Zeitverständnis.

16 Eine Verhaltensänderung bringt Gerechtigkeit. Eine Entschuldigung ist fällig.

Kreuz-Zehn in den Häusern 17–24

17 Eine neue Erkenntnis stärkt Ihren Willen und weckt Ihren Ehrgeiz.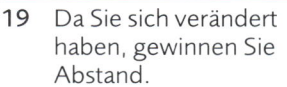

18 Eine Veränderung in Ihrem Leben macht Sie reiselustig.

19 Da Sie sich verändert haben, gewinnen Sie Abstand.

20 Nach der Veränderung in Ihrem Leben können Sie ein neues Vorhaben beginnen.

21 Eine tiefe Erkenntnis bringt Ihnen neue Kontakte.

22 Mit Ihnen ändert sich auch die Situation in der Familie.

23 Ihr Verhältnis zur Mutter verändert sich.

24 Ihr Verhältnis zum Vater verändert sich.

Kreuz-Zehn in den Häusern 25–32

25 Eine Veränderung in Ihrem Leben führt zu einer Trennung.

26 Nach einer Veränderung im Leben sind Sie sich selbst fremd.

27 Sie sind unzufrieden mit den vorgenommenen Veränderungen.

28 Eine Veränderung will nicht gelingen.

29 Eine Änderung im Lebensstil fördert Ihre Gesundheit.

30 Ehrlichkeit sich selbst gegenüber führt zur Erkenntnis.

31 Sie sind enttäuscht von einer Entwicklung.

32 Eine Veränderung in Ihrem Leben hat Sie hartherzig werden lassen.

Kreuz-Neun in den Häusern 1–8

Beachten Sie auch die Karte im 19. Haus.

1	Urlaub in einem Ferienhaus oder zu Hause, kurze Trennung von zu Hause.	
2	Kurze Trennungen in Ehe/Partnerschaft.	
3	Urlaubsliebelei mit Risiken.	
4	Sie haben den Wunsch nach Reisen/Urlaub.	
5	Ein Problem löst sich durch kurze Abwesenheit.	
6	Urlaub mit Kindern oder Kreativurlaub.	
7	Eine kurze Trennung von Ihrer Partnerin/einer Freundin.	
8	Eine kurze Trennung von Ihrem Partner/einem Freund.	

Kreuz-Neun in den Häusern 9–16

9	Karriere oder Erfolg auf Reisen. Chancen oder Angebote während des Urlaubs.	
10	Sie verdienen Ihr Geld auf Reisen oder in der Touristik.	
11	Überraschungen im Urlaub, billiger Urlaub.	
12	Ihre Chance liegt in einer Urlaubsvertretung.	
13	Reiseleiter, Hotelier, Reisebüro.	
14	Reiseveranstalter, Animateur.	
15	Nehmen Sie sich Zeit für einen Urlaub.	
16	Klage gegen einen Reiseveranstalter oder unsichere Rechtslage.	

Kreuz-Neun in den Häusern 17–24

17	Entspannen Sie sich endlich einmal.	
18	Eine Reise löst eine Veränderung in Ihrem Leben aus.	
19	Der Urlaub Ihres Lebens.	
20	Nach dem Urlaub oder der Reise warten neue Aufgaben.	
21	Auf einer Reise oder im Urlaub führen Sie wichtige Gespräche.	
22	Ein Urlaub mit der Familie oder Besuch bei der Familie.	

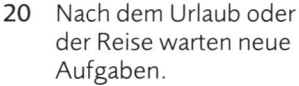

23	Besuch bei/von der Mutter.	
24	Besuch beim/vom Vater.	

Kreuz-Neun in den Häusern 25–32

25	Ein kleiner Abschied, eine kurze Trennung.	
26	Heimweh.	
27	Unzufriedenheit mit dem Urlaub oder den Verkehrsmitteln.	
28	Ärger im Urlaub oder auf Reisen.	
29	Ein Urlaub wird Ihre Gesundheit beeinflussen.	
30	Auf einer Reise gewinnen Sie tiefe Einsichten.	
31	Das Ergebnis eines Urlaubs oder einer Reise enttäuscht Sie.	
32	Im Urlaub und auf Reisen kommen Sie in Kontakt mit offiziellen Stellen.	

Kreuz-Acht in den Häusern 1–8

Beachten Sie auch die Karte im 20. Haus.

1	Aufträge bezüglich Immobilien, ein Neubauvorhaben.	
2	Ein Neuanfang in der Beziehung.	
3	Ein Neuanfang in der Liebe.	
4	Sie haben den Wunsch, etwas neu anzufangen.	
5	Ein Problem löst sich durch ein Vorhaben.	
6	Sie beginnen einen Kunstkurs, werden Kinderbetreuer oder Tierschützer.	
7	Durch ein neues Vorhaben finden Sie Ihre Partnerin/eine Freundin.	
8	Durch ein neues Vorhaben finden Sie Ihren Partner/einen Freund.	

Kreuz-Acht in den Häusern 9–16

9	Karriere und Erfolg durch Mut bei neuen Vorhaben.	
10	Neue Projekte werden für Sie lohnenswert sein.	

11 Unerwartete Aufträge mit kleinem Gewinn.

12 Bei neuen Vorhaben müssen Sie einspringen.

13 Existenzgründung, Abschluss einer Ausbildung.

14 Unternehmensberater, Nachbarn, Freunde.

15 Setzen Sie realistische Termine für einen Neuanfang.

16 Ein neues Vorhaben hat rechtliche Folgen.

Kreuz-Acht in den Häusern 17–24

17 Neue Vorhaben sind für Sie eine Herausforderung.

18 Eine Änderung tritt ein durch einen mutigen Neuanfang.

19 Wegen neuer Vorhaben sind Sie auf Reisen.

20 Jetzt ist eine gute Zeit, neu zu starten.

21 Sie hören von neuen, interessanten Projekten.

22 Unternehmen Sie etwas gemeinsam mit der Familie.

23 Durch ein neues Vorhaben wird Ihre Mütterlichkeit gefordert.

24 Durch ein neues Vorhaben wird Ihr Beschützerinstinkt gefordert.

Kreuz-Acht in den Häusern 25–32

25 Für einen Neubeginn müssen Sie sich von etwas Altem trennen.

26 Neue Vorhaben sehen Sie sehr distanziert.

27 Sie sind unzufrieden mit einem neuen Vorhaben.

28 Ungünstiger Start bei neuen Vorhaben.

29 Ein Neuanfang wirkt sich auf Ihre Gesundheit aus.

30 Schaffen Sie Ordnung durch einen Neubeginn.

31 Ein neues Vorhaben entwickelt sich enttäuschend.

32 Ein neues Vorhaben bringt Sie in Kontakt mit offiziellen Stellen.

Kreuz-Sieben in den Häusern 1–8

Beachten Sie auch die Karte im 21. Haus.

1	Sie finden Ihr Haus/Ihre Wohnung durch Anzeigen.	
2	Sie finden einen Partner durch eine Kontaktanzeige.	
3	Eine Liebeserklärung.	
4	Sie wünschen sich mehr Unterhaltung.	
5	Ein Problem löst sich dadurch, dass Sie darüber sprechen.	
6	Kinderbuchautor, Journalist, Kunstkritiker.	
7	Mit Ihrer Partnerin/einer Freundin können Sie sich aussprechen.	
8	Mit Ihrem Partner/einem Freund können Sie sich aussprechen.	

Kreuz-Sieben in den Häusern 9–16

9	Karriere/Erfolg in Telekommunikation oder Informationsverarbeitung.	
10	Sie werden Geld durch Informationen verdienen.	
11	Eine überraschende Nachricht über einen kleinen Geldbetrag.	
12	Sie springen für einen Redner ein oder leiten eine Diskussion.	
13	Kommunikationsbranche, EDV Journalismus.	
14	Medien: Fernsehen, Rundfunk, Zeitung, Internet.	
15	Nehmen Sie sich Zeit für Unterhaltungen, hören Sie geduldig zu.	
16	Wichtige rechtliche Dokumente treffen ein.	

Kreuz-Sieben in den Häusern 17–24

17	Sie reden jeden nieder.	
18	Ein Gespräch oder Informationen verursachen eine Veränderung in Ihrem Leben.	
19	Abbruch einer Reise oder eines Urlaubs wegen Nachrichten.	
20	Unterhalten Sie sich über Ihr neues Vorhaben mit den richtigen Leuten.	
21	Kommunikation ist sehr wichtig für Sie, Sie brauchen ständig Unterhaltung.	

22	Schauen Sie in die Familienchronik, oder führen Sie eine.	
23	Mit Ihrer Mutter können Sie über ein Problem reden.	
24	Mit Ihrem Vater können Sie über ein Problem reden.	

Kreuz-Sieben in den Häusern 25–32

25	Böse Worte trennen.	
26	Nachrichten erreichen Sie aus weiter Ferne.	
27	Sie sind unzureichend informiert.	
28	Beleidigungen oder üble Nachrichten.	
29	Wenn Sie über Ihre Gesundheit sprechen, werden Sie Rat finden.	
30	Eine Unterredung schafft Klarheit.	
31	Falsche, fehlerhafte Nachrichten, Lügen.	
32	Beamtenbeleidigung oder sachliche Diskussion.	

Kreuz-Bube in den Häusern 1–8

Beachten Sie auch die Karte im 22. Haus.

1	Die Familie wohnt zusammen.	
2	Heirat in der Familie, einer der Partner hat Kinder.	
3	Harmonisches Familienleben.	
4	Sie haben den Wunsch nach einer intakten Familie	
5	Die Familie hilft Ihnen, ein Problem zu lösen.	
6	Eine Künstlerfamilie, eine kinderreiche Familie.	
7	Ihre Partnerin/eine Freundin der Familie.	
8	Ihr Partner/ein Freund der Familie.	

Kreuz-Bube in den Häusern 9–16

| 9 | Karriere durch Familienbeziehungen, Erfolg in der Familie. | |
| 10 | In Ihrer Familie gibt es Geld. | |

11 Eine Überraschung in der Familie.

12 Ein Erbschaftsfall in der Familie.

13 Familienbetrieb, aber auch Vetternwirtschaft.

14 Ihre Familie wirkt vermittelnd in einer Angelegenheit.

15 Nehmen Sie sich Zeit für Ihre Familie.

16 Regeln Sie eine rechtliche Angelegenheit in der Familie.

Kreuz-Bube in den Häusern 17–24

17 Sie dominieren in der Familie.

18 Die Familie löst eine Veränderung in Ihrem Leben aus.

19 Sie müssen zu Ihrer Familie reisen.Familienbesuch.

20 Die Familie hilft Ihnen beim Neuanfang.

21 Es gibt Neuigkeiten in der Familie.

22 Die Familie ist sehr wichtig für Sie.

23 Mutter dominiert die Familie.

24 Vater dominiert die Familie.

Kreuz-Bube in den Häusern 25–32

25 Ihre Familie bringt Sie mit jemandem auseinander.

26 Sie haben sich von Ihrer Familie entfremdet.

27 Es gibt viel Unzufriedenheit in der Familie.

28 Familienstreiterei.

29 Die Familie unterstützt Sie bei der Heilung.

30 Schaffen Sie Ordnung in Familienangelegenheiten.

31 Sie sind enttäuscht von Familienangehörigen.

32 Die Familie tritt öffentlich für Sie ein.

Kreuz-Dame in den Häusern 1–8

Beachten Sie auch die Karte im 23. Haus.

1 Eine behagliche Wohnung oder Zusammenwohnen mit der Mutter.

2 Ihre Mutter unterstützt Ihre Ehe/Partnerschaft.

3 Eine harmonische Beziehung zur Mutter.

4 Sie wünschen sich Anerkennung durch die Mutter oder eine Mutterschaft.

5 Ihre Mutter hilft Ihnen, Probleme zu lösen.

6 Schwangerschaft/ Enkelkinder.

7 Eine Freundin der Mutter.

8 Schwiegermutter, mütterliche Freundin des Partners.

Kreuz-Dame in den Häusern 9–16

9 Mutter fördert Ihre Karriere oder Ihren Erfolg.

10 Ihre Mutter verfügt über etwas Geld.

11 Überraschung durch die Mutter, eine kleine Geldsumme von der Mutter.

12 Hinterlassenschaft von der Mutter, oder Sie müssen jemandem die Mutter ersetzen.

13 Tagesmutter, Hebamme, Au-pair-Mädchen.

14 Mutter vermittelt in einer Angelegenheit.

15 Nehmen Sie sich Zeit für Ihre Mutter.

16 Sie sind in eine Rechtsangelegenheit mit Ihrer Mutter verwickelt.

Kreuz-Dame in den Häusern 17–24

17 Mutter fördert Ihren Ehrgeiz.

18 Mutter verursacht eine Veränderung in Ihrem Leben.

19 Sie müssen zu Ihrer Mutter reisen.

20 Ihre Mutter unterstützt Sie bei einem Neuanfang.

21 Sie erhalten eine wichtige Nachricht durch Ihre Mutter.

| 22 | Mutter oder Großmutter hält die Familie zusammen. | |

| 23 | Eine enge Beziehung zur Mutter. | |

| 24 | Ihre Mutter beschützt Sie zu sehr. | |

Kreuz-Dame in den Häusern 25–32

| 25 | Ihre Mutter bringt Sie mit jemandem auseinander. | |

| 26 | Sie haben sich von Ihrer Mutter entfremdet. | |

| 27 | Sie sind unzufrieden mit dem Verhalten der Mutter. | |

| 28 | Streit mit der Mutter. | |

| 29 | Ihre Mutter weiß Rat bei Ihrer Krankheit/ Erbkrankheit. | |

| 30 | Mutter hilft, etwas in Ordnung zu bringen. | |

| 31 | Sie sind enttäuscht vom Verhalten der Mutter. | |

| 32 | Ihre Mutter tritt öffentlich für Sie ein. | |

Kreuz-König in den Häusern 1–8

Beachten Sie auch die Karte im 24. Haus.

| 1 | Eine sichere Wohnung, oder Sie ziehen mit dem Vater zusammen. | |

| 2 | Ihr Vater unterstützt Ihre Ehe/Partnerschaft. | |

| 3 | Harmonische Beziehung zum Vater. | |

| 4 | Sie wünschen sich Anerkennung durch den Vater oder eine Vaterschaft. | |

| 5 | Ihr Vater hilft Ihnen, Probleme zu lösen. | |

| 6 | Vaterschaft/ Enkelkinder. | |

| 7 | Ein Freund des Vaters. | |

| 8 | Schwiegervater/ väterlicher Freund des Partners. | |

Kreuz-König in den Häusern 9–16

| 9 | Karriere durch Unterstützung des Vaters oder eines Sponsors. | |

| 10 | Ihr Vater verfügt über Geld. | |

11 Überraschung durch den Vater oder eine kleine Geldsumme von ihm.

12 Hinterlassenschaft vom Vater, oder Sie müssen jemandem den Vater ersetzen.

13 Versorger, Wirt, Koch, Lebensmittelbranche, Schutzaufgaben.

14 Ihr Vater vermittelt in einer Angelegenheit.

15 Nehmen Sie sich Zeit für Ihren Vater.

16 Sie sind in eine Rechtsangelegenheit mit Ihrem Vater verwickelt.

Kreuz-König in den Häusern 17–24

17 Vater hat Sie Durchsetzungsvermögen gelehrt.

18 Vater verursacht eine Veränderung.

19 Sie müssen zu Ihrem Vater reisen.

20 Vater unterstützt Sie bei einem Neuanfang.

21 Sie erhalten eine wichtige Nachricht durch Ihren Vater.

22 Vater oder Großvater hält die Familie zusammen.

23 Ihr Vater mischt sich zu viel in Ihr Leben ein.

24 Vater spielt eine wichtige Rolle in Ihrem Leben oder eine Vaterschaft.

Kreuz-König in den Häusern 25–32

25 Ihr Vater bringt Sie mit jemandem auseinander.

26 Sie haben sich von Ihrem Vater entfremdet.

27 Sie sind unzufrieden mit dem Verhalten des Vaters.

28 Streit mit dem Vater.

29 Ihr Vater weiß Rat bei Ihrer Krankheit/ Erbkrankheit.

30 Vater hilft, etwas in Ordnung zu bringen.

31 Sie sind enttäuscht vom Verhalten des Vaters.

32 Ihr Vater tritt öffentlich für Sie ein.

Pik-Ass in den Häusern 1–8

Beachten Sie auch die Karte im 25. Haus.

1 Sie erwerben eine Woh-
nung aus einem Schei-
dungs- oder Todesfall
oder einer Konkursmasse.

2 Der Partner ist geschieden
oder verwitwet.

3 Eine Affäre geht zu Ende.
Trennung.

4 Sie haben den Wunsch
nach Trennung.

5 Trennungsprobleme
lösen sich.

6 Waise, verlorene Tiere,
Kunstfälschung.

7 Sie verlieren Ihre
Partnerin/eine Freundin.

8 Sie verlieren Ihren
Partner/einen Freund.

Pik-Ass in den Häusern 9–16

9 Für Ihre Karriere oder
den Erfolg müssen Sie
sich von etwas trennen.

10 Sie erhalten eine
Abfindung,
Ablösesumme.

11 Ein unerwartetes
Trostpflaster.

12 Sie treten die Nachfolge
für jemanden an.

13 Naturwissenschaftler,
Forscher, Analytiker,
Chirurg, Beerdigungs-
institut.

14 Vermitteln Sie in einem
Trennungsfall oder bei
einer Aufteilung.

15 Nach einer Trennung
haben Sie viel Zeit zum
Nachdenken.

16 Gerechte Teilung.

Pik-Ass in den Häusern 17–24

17 Ein Hindernis macht Sie
nur stärker.

18 Eine Trennung verändert
Ihr ganzes Leben.

19 Reise zu einer Beerdigung.

20 Nach einer Trennung
werden Sie neu beginnen.

21 Durch eine Trennung
lernen Sie, über Ihr
Problem zu reden.

22 Trennung von der
Familie.

23 Trennung von der Mutter.

24 Trennung vom Vater.

Pik-Ass in den Häusern 25–32

25 Trennung, schmerzhaft
oder notwendig,
ein Abschied.

26 Nach einer längeren Abwesenheit finden Sie
sich nicht mehr zurecht.

27 Depressionen nach
einem Abschied.

28 Weil Sie sich von jemandem oder etwas trennen,
kommt es zum Streit.

29 Verlustgefühle
und Trauer.

30 Nach einer Trennung erkennen Sie die Wahrheit.

31 Enttäuschung wegen
einer Trennung.

32 Durch eine Trennung
kommen Sie in Kontakt
mit offiziellen Stellen.

Pik-Zehn in den Häusern 1–8

Beachten Sie auch die Karte im 26. Haus.

1 Ein Haus oder Eigentum
im Ausland.

2 Ehe/Partnerschaft mit
einem Ausländer.

3 Eine Affäre mit
einem Ausländer.

4 Sie haben den Wunsch
nach Flucht.

5 Ein Problem löst sich
durch eine längere
Abwesenheit.

6 Sie entfremden sich von
Ihren Kindern, oder Sie
unterdrücken Ihre
Kreativität.

7 Eine ausländische
Freundin.

8 Ein ausländischer Freund.

Pik-Zehn in den Häusern 9–16

9 Karriere oder Erfolg
im Ausland.

10 Vorsicht bei Auslands-
investitionen und
bei Devisen.

11	Auslandsabenteuer, kleine Devisengewinne.	
12	Erbe oder Nachfolge führt sie weit von Ihrer Heimat fort.	
13	Auslandskorrespondent, Versetzung ins Ausland.	
14	Dolmetscher, Übersetzer.	
15	Sie haben sich von jemandem über lange Zeit hinweg entfremdet.	
16	Eine Rechtssache im Ausland.	

Pik-Zehn in den Häusern 17–24

17	Ferne oder hohe Ziele wecken Ihren Ehrgeiz.	
18	Durch eine Veränderung in Ihrem Leben haben Sie sich der Realität entfremdet.	
19	Eine sehr weite Reise, Weltreise.	
20	Beginnen Sie irgendwo anders neu.	
21	Fremdsprachen- kenntnisse.	

22	Die Familie lebt weit verstreut.	
23	Mutter lebt im Ausland oder ist Ausländerin.	
24	Vater lebt im Ausland oder ist Ausländer.	

Pik-Zehn in den Häusern 25–32

25	Eine räumliche Trennung.	
26	Sie sind sich selbst fremd geworden.	
27	Unzufriedenheit wegen Trennung oder großer Entfernung.	
28	Ärger mit Ausländern oder im Ausland.	
29	Vorsicht vor exotischen Krankheiten.	
30	Mit etwas Abstand kommen die Dinge wieder in Ordnung.	
31	Sie finden sich in der Welt nicht mehr zurecht.	
32	Achten Sie auf Ihre Ausweispapiere.	

Pik-Neun in den Häusern 1–8

Beachten Sie auch die Karte im 27. Haus.

1 Sie sind unglücklich mit der Wohnung.

2 Sie sind eine Beziehung aus Trotz eingegangen.

3 Liebeskummer, unerfüllte Sehnsucht.

4 Sie wünschen sich, dass Ihre Sorgen unbegründet sind.

5 Ein Problem löst sich durch Distanziertheit.

6 Kreative Blockade, oder Ihre Kinder sind unzufrieden mit Ihnen.

7 Sie haben Ihre Partnerin/ eine Freundin verärgert.

8 Sie haben Ihren Partner/ einen Freund verärgert.

Pik-Neun in den Häusern 9–16

9 Ihre Karriere leidet durch Ihre Unzufriedenheit.

10 Geld allein macht nicht glücklich.

11 Ein überraschender Verlust, geringe Geldeinbußen.

12 Sie erhalten ein trauriges Erbe oder treten eine unangenehme Nachfolge an.

13 Berufsberater, Psychiater, Betriebsrat.

14 Beschwerdestelle.

15 Eine dunkle Zeit steht bevor.

16 Verlust wichtiger Dokumente, ungerechte Anklagen.

Pik-Neun in den Häusern 17–24

17 Sie überwinden ein Tief mit eisernem Willen.

18 Beenden Sie eine unbefriedigende Situation, indem Sie sie ändern!

19 Um Ihre Unzufriedenheit loszuwerden, fahren Sie weg.

20 Führen Sie ein Vorhaben zu Ende, und beginnen Sie nicht immer etwas Neues.

21 Sie reden nicht über Ihre Probleme.

| 22 | Die Familie belastet Sie. | |

| 23 | Sie haben Ihre Mutter verärgert, Mutter belastet Sie. | |

| 24 | Sie haben Ihren Vater verärgert, Vater belastet Sie. | |

Pik-Neun in den Häusern 25–32

| 25 | Sie beenden eine unbefriedigende Situation. | |

| 26 | Sie fliehen vor den Problemen der Umwelt. | |

| 27 | Unzufriedenheit, Nörgelsucht, Depressionen. | |

| 28 | Kummer und Tränen. | |

| 29 | Die Ursache Ihrer Krankheit liegt in Ihnen selbst. | |

| 30 | Bringen Sie Ordnung in Ihre Gefühle. | |

| 31 | Sie sind unzufrieden, enttäuscht, niedergeschlagen. | |

| 32 | Ihre Unzufriedenheit macht Sie hartherzig. | |

Pik-Acht in den Häusern 1–8

Beachten Sie auch die Karte im 28. Haus.

| 1 | Unfälle in der Wohnung, Ärger mit Nachbarn und Vermietern. | |

| 2 | Sie oder Ihr Partner hat eine böse Trennung hinter sich. | |

| 3 | Streit mit dem Liebsten, eine belastende Affäre. | |

| 4 | Ein Wunsch geht nicht in Erfüllung. | |

| 5 | Ein Problem löst sich durch einen großen Krach. | |

| 6 | Schwierigkeiten mit Kindern, Kunstfälschung. | |

| 7 | Ihre Partnerin/eine Freundin nimmt Ihnen Ärger ab. |  |

| 8 | Ihr Partner/ein Freund nimmt Ihnen Ärger ab. | |

Pik-Acht in den Häusern 9–16

| 9 | Eigenverschulden verzögert beruflichen Erfolg. | |

| 10 | Schlechte finanzielle Anlagen oder schlechtes Wirtschaften. | |

11	Eine böse Überraschung, kleiner Geldverlust.	
12	Sie werden enterbt, bei der Nachfolge übergangen.	
13	Schlichter, Richter.	
14	Eine Verhandlung endet im Streit.	
15	Eine unangenehme Phase muss überwunden werden.	
16	Sie werden angeklagt.	

Pik-Acht in den Häusern 17–24

17	Mit Ihnen gibt es ständig Rangkämpfe.	
18	Nach einem Krach müssen Sie eine Veränderung in Kauf nehmen.	
19	Nach einem Streit reisen Sie ab.	
20	Nach einer klärenden Aussprache können Sie neu beginnen.	
21	Lautstarker Streit, ungerechte Anklagen.	

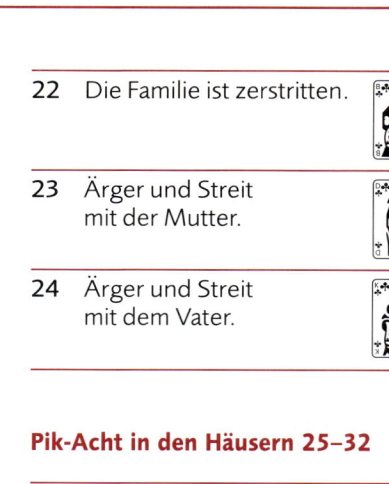

22	Die Familie ist zerstritten.	
23	Ärger und Streit mit der Mutter.	
24	Ärger und Streit mit dem Vater.	

Pik-Acht in den Häusern 25–32

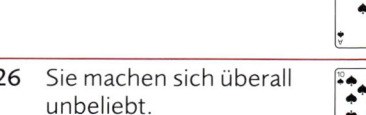
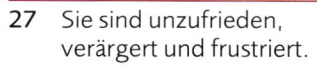

25	Eine Trennung im Streit.	
26	Sie machen sich überall unbeliebt.	
27	Sie sind unzufrieden, verärgert und frustriert.	
28	Streit, Trennung, Betrug.	
29	Ärger ist die Ursache Ihrer Krankheit.	
30	Unordnung und Lügen.	
31	Sie sind enttäuscht und verärgert, wütend.	
32	Sie müssen sich vor offiziellen Stellen rechtfertigen.	

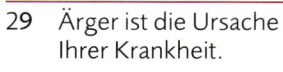

Pik-Sieben in den Häusern 1–8

Beachten Sie auch die Karte im 29. Haus.

1	Eine ungesunde Wohnung.	
2	Ihr Partner erkrankt, oder Sie finden einen Partner im Gesundheitswesen.	
3	Liebe und Harmonie heilen Sie.	
4	Sie wünschen sich Heilung und Gesundheit.	
5	Ein Problem löst sich durch gesunde Lebensweise.	
6	Ein krankes Kind oder ein Haustier.	
7	Ihre Partnerin/eine Freundin im Heilberuf.	
8	Ihr Partner/ein Freund aus dem Gesundheitswesen.	

Pik-Sieben in den Häusern 9–16

9	Stressbezogene Krankheit oder Karriere im Gesundheitswesen.	
10	Ihre Krankenversicherung zahlt eine aufwändige Behandlung.	
11	Eine unsichere Therapie.	
12	Sie vertreten eine kranke Person.	
13	Beruf im medizinischen Bereich, Heiler.	
14	Gesundheitsamt, Krankenversicherung.	
15	Sie haben viel Zeit aufgrund Ihres Gesundheitszustandes.	
16	Klage gegen Mediziner, Krankenversicherung.	

Pik-Sieben in den Häusern 17–24

17	Ihr Wille fördert die Heilungskräfte.	
18	Eine Krankheit zwingt Sie zur Änderung Ihres Lebensstils.	
19	Wegen Ihres Gesundheitszustandes müssen Sie sich von anderen fernhalten. Kur.	
20	Nach einer überstandenen Krankheit beginnen Sie vieles neu.	
21	Sie finden eine Selbsthilfegruppe oder ein Buch über Ihr Leiden.	

| 22 | Eine schwere Krankheit in der Familie. | |

| 23 | Mutter beeinflusst Ihre Gesundheit. Oder Probleme in der Schwangerschaft. | |

| 24 | Vater beeinflusst Ihre Gesundheit. Oder Probleme mit der Zeugungskraft. | |

Pik-Sieben in den Häusern 25–32

| 25 | Eine ansteckende Krankheit, Abschirmung, Quarantäne. | |

| 26 | Ihr Gesundheitszustand isoliert Sie. | |

| 27 | Gestörter Gemütszustand. | |

| 28 | Stresskrankheiten. | |

| 29 | Ihr Gesundheitszustand ist hervorragend. | |

| 30 | Ein Arztbesuch schafft Klarheit. | |

| 31 | Sie sind enttäuscht von Ärzten und Medikamenten. | |

| 32 | Um gesund zu bleiben, müssen Sie Ihre Gefühle zulassen. |  |

Pik-Bube in den Häusern 1–8

Beachten Sie auch die Karte im 30. Haus.

| 1 | Ordentliche Mitbewohner, Eigentümer oder Mieter. | |

| 2 | Ihr Partner gerät an den Rand der Legalität. | |

| 3 | Seien Sie Ihrem Partner gegenüber ehrlich. | |

| 4 | Sie wünschen sich Ordnung und Wahrheit. | |

| 5 | Ein Problem löst sich, wenn die Wahrheit herauskommt. | |

| 6 | Strenge, aber gerechte Erziehungsmethoden. | |

| 7 | Ihre Partnerin/eine Freundin sagt Ihnen die Wahrheit. | |

| 8 | Ihr Partner/ein Freund sagt Ihnen die Wahrheit. | |

Pik-Bube in den Häusern 9–16

| 9 | Karriere bei den Ordnungskräften. | |

| 10 | Mit ordentlicher Buchführung haben Sie Ihre Finanzen im Griff. | |

11	Sie finden überraschend die Wahrheit heraus.
12	Sie müssen Ordnung in eine Hinterlassenschaft bringen.
13	Polizei, Soldat, Uniformträger.
14	Organisationsberater.
15	Bringen Sie Ordnung in Ihre Termine, dann haben Sie mehr Zeit für sich.
16	Die Wahrheit kommt ans Licht, Ordnungsstrafe.

Pik-Bube in den Häusern 17–24

17	Sie bringen durch Ihren Einsatz eine verzwickte Sache in Ordnung.
18	Sie entwickeln ein neues ethisches Verhalten.
19	Schaffen Sie Ordnung, bevor Sie auf eine Reise oder in Urlaub gehen.
20	Bevor Sie neu beginnen, räumen Sie gründlich auf.
21	Man glaubt Ihnen, was Sie sagen.

22	In der Familie herrschen Ordnung und Wahrheitsliebe.
23	Mutter mischt sich ständig ein.
24	Vater mischt sich ständig ein.

Pik-Bube in den Häusern 25–32

25	Ihre Weltanschauung wird auf den Kopf gestellt.
26	Ihr undiplomatisches Verhalten macht Sie bei anderen unbeliebt.
27	Sie sind unzufrieden mit der herrschenden Ordnung.
28	Lügen und Konfusion.
29	Heilung erfolgt, wenn Sie der eigenen Wahrheit ins Gesicht sehen.
30	Die Wahrheit.
31	Sie sind enttäuscht, weil Sie eine Lüge entdecken.
32	Die Wahrheit hat auch irrationale Seiten.

Pik-Dame in den Häusern 1–8

Beachten Sie auch die Karte im 31. Haus.

1   Unsolide Mitbewohner, Mieter oder Eigentümer.

2   Der Partner ist undankbar oder untreu.

3   Ein zwielichtige Affäre.

4   Sie wünschen sich Dankbarkeit und Anerkennung.

5   Ein Problem löst sich, wenn Sie sich entschuldigen.

6   Sie lassen Ihre schlechte Laune an Kindern oder Tieren aus.

7   Ihre Partnerin/eine Freundin ist undankbar oder redet schlecht über Sie.

8   Ihr Partner/ein Freund ist undankbar oder redet schlecht über Sie.

Pik-Dame in den Häusern 9–16

9   Intrigen verhindern den beruflichen Erfolg und gefährden Ihre Karriere.

10 Ein schlechter Rat in Bezug auf Ihre Finanzen.

11 Eine unerwartete Enttäuschung.

12 Jemand versucht Sie mit einem Trostpflaster abzuspeisen.

13 Tröster, Telefonseelsorge, Lebensberatung.

14 Sie versuchen zu retten, was zu retten ist.

15 Jemand stiehlt Ihnen die Zeit.

16 Meineid.

Pik-Dame in den Häusern 17–24

17 Ihr Wille ist gebrochen.

18 Nach einer tiefen Enttäuschung müssen Sie sich ändern.

19 Weil Sie enttäuscht worden sind, ziehen Sie sich zurück.

20 Nach einer Enttäuschung sollten Sie neu beginnen.

21 Jemand verletzt Ihre Gefühle oder enttäuschende Kritiken.

22	Missgunst herrscht in der Familie.	
23	Mutter enterbt Sie oder wirft Sie aus dem Haus.	
24	Vater enterbt Sie oder wirft Sie aus dem Haus.	

Pik-Dame in den Häusern 25–32

25	Sie verarbeiten eine Enttäuschung.	
26	Ihre schlechte Laune hält Sie von anderen fern.	
27	Sie sind unzufrieden über mangelnde Anerkennung.	
28	Untreue, Bösartigkeit, Unaufrichtigkeit.	
29	Jemand redet Ihnen eine Krankheit ein.	
30	Die Wahrheit verletzt Ihre Gefühle.	
31	Große Enttäuschung.	
32	Eine Enttäuschung macht Sie kaltherzig und berechnend.	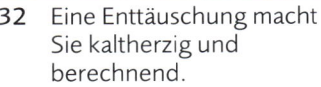

Pik-König in den Häusern 1–8

Beachten Sie auch die Karte im 32. Haus.

1	Sie bekommen einen Wohngeldzuschuss oder geförderte Baukredite.	
2	Standesamt.	
3	Eine Affäre mit einer Person des öffentlichen Lebens.	
4	Sie wünschen sich öffentliche Anerkennung.	
5	Ein Problem löst sich durch eine offizielle Stelle.	
6	Tierheim, Fürsorgestelle oder öffentliche Kunstausschreibung.	
7	Ihre Partnerin/eine Freundin in offizieller Position.	
8	Ihr Partner/ein Freund in offizieller Position.	

Pik-König in den Häusern 9–16

9	Karriere im öffentlichen Dienst oder offizielle Stellung.	
10	Steuerrückzahlung, Versicherungsleistung.	

11 Unerwartete Gebührenrückerstattung.

12 Sie werden als Vormund bestimmt oder übernehmen eine soziale Pflicht.

13 Arbeitsamt.

14 Eine offizielle Stelle vermittelt Ihnen etwas.

15 Einladung oder Vorladung zu einem offiziellen Termin.

16 Dienstaufsichtsklage oder Gericht, Notariat, Gefängnis.

Pik-König in den Häusern 17–24

17 Sie setzen etwas mit einer offiziellen Verfügung durch.

18 Nach einem offiziellen Auftritt verändert sich etwas in Ihrem Leben.

19 Sie reisen in offizieller Mission.

20 Arbeitsbeschaffungsmaßnahme, oder offizielle Stellen unterstützen ein neues Vorhaben.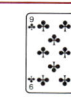

21 Öffentliche Bekanntmachung, Anzeige, Pressestelle.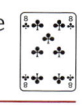

22 Sozialamt, Familienberatung.

23 Fürsorgeamt, Wohltätigkeitsveranstaltung.

24 Beihilfen.

Pik-König in den Häusern 25–32

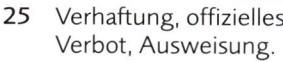

25 Verhaftung, offizielles Verbot, Ausweisung.

26 Auswärtiges Amt, offizielle Angelegenheiten im Ausland.

27 Ein offizielles Verfahren verschleppt sich.

28 Ärger mit Behörden oder Kollegen.

29 Gesundheitsamt, Amtsarzt, offizielle Untersuchungen.

30 Polizei, Ordnungsamt.

31 Eine offizielle Angelegenheit scheitert.

32 Sie sind ein kaltherziger Beamter.

Kartenmagie

Wahrsagen, Zukunftsschau, Orakelbefragung – das sind nur Teile eines größeren Gebietes, nämlich der Magie. Die Karten sind, wie Sie gesehen haben, Sinnbilder für ganz bestimmte Kräfte, die auf das Leben einwirken. Man kann sie auslegen und daraus ablesen, welche dieser Kräfte in der jeweiligen Situation ihren Einfluss geltend machen und wie sich daraus die Zukunft gestalten wird. Man kann aber auch umgekehrt die Symbole dazu verwenden, um die Zukunft zu beeinflussen. Das eine ist die passive Seite der Magie, die aktive Seite nennt man gewöhnlich »zaubern«. Da dieser Begriff aber meist mit Bühnenmagie in Verbindung gebracht wird, verwenden wir an dieser Stelle besser den Begriff der Wunscherfüllung. Wie kann man nun die Spielkarten dazu einsetzen, seine Wünsche wahr werden zu lassen?

Kartenmagie heißt, dass wir – weit davon entfernt, einem vorausbestimmten Schicksal ausgeliefert zu sein – über die Karten durch die Macht unserer Wünsche die Zukunft beeinflussen können.

Symbolarbeit

In der Magie geht man davon aus, dass ein geistiger Akt, den der Magier durchführt, in der Welt der unsichtbaren Schwingungen ein Abbild formt, das sich dann, sofern es richtig übermittelt wurde, in der realen Welt materialisiert. Als Kommunikationsmittel werden dazu symbolische Bilder genutzt, die der, der sich etwas wünscht, gezielt einsetzt.
Die ganz grundlegenden Symbole, auf die die Magie aufbaut, sind die vier Elemente Feuer, Wasser, Luft und Erde. Schauen Sie sich deren tiefere Bedeutung einmal an.

● **Feuer** ist Energie; ein Mensch, von dem man behauptet, dass ein inneres Feuer in ihm brennt, ist willensstark und durchsetzungsfreudig. Ein Feuerkopf übertreibt das manchmal, und wenn man mit ihm aneinander gerät, sprühen die Funken. Feuer ist überaus beweglich, die Flammen können, wenn sie außer Kontrolle geraten, sich mit rasender

Geschwindigkeit ausbreiten, sie kennen kaum ein Hindernis. Diese Schnelligkeit wird aber auch ausgenutzt, indem die Energie Nachrichten übertragen kann – als Rauch- oder Feuerzeichen bis hin zu den Glasfaserkabeln mit Licht als Nachrichtenträger.

Vergleichen Sie diese Beschreibung mit denen der Spielkarten, und es wird Ihnen auffallen, dass die Kreuzkarten genau diese Eigenschaften symbolisieren: Wille, Energie, Schnelligkeit und Nachrichten.

Die Farben, die den vier Elementen zugeordnet werden, sind: Blau für das Wasser, Gelb für die Luft, Rot für das Feuer und Grün für die Erde. Verwenden Sie diese Farben auch für Ihren Talisman.

● **Wasser** fließt, manchmal strömt es aus unseren Augen, nämlich dann, wenn wir die großen Gefühle erleben wie Trauer, Schmerz, ganz große Freude oder überschäumende Heiterkeit. Manche Gewässer sind unergründlich, seltsame Wesen hausen in den dunklen Tiefen des Meeres, so wie in den Abgründen unseres Bewusstseins auch viele unerkannte Kräfte und Fähigkeiten schlummern, manche destruktiv, andere kreativ und die Quelle aller Phantasie. Das Leben entstand einst aus dem Wasser, die schöpferischen Gedanken, die Intuition und die Gefühle kommen aus dem Unbewussten.

Vergleichen Sie diese Beschreibung mit einer der Kartenfarben, dann wird Ihnen auffallen, dass das Herz den Eigenschaften des Wassers entspricht: Gefühl, Phantasie, Intuition und Liebe.

● **Luft** ist nicht zu fassen, und doch ist sie lebensnotwendig. Sie breitet sich überall aus und durchdringt alles. Sie ist wie der menschliche Verstand, der sich eines Problems annimmt. Auch mit dem Geist können wir überall eindringen, unserem Denken sind genauso wenig Grenzen gesetzt wie der Luft. Ein Brainstorming ist eine Zusammenballung vieler Gedanken und Vorstellungen, um eine Schwierigkeit zu bewältigen oder eine neue Idee zu gebären.

Zu stark auf Verstand, Logik und Analyse fixierte Menschen werden gefühllose Bürokraten und Ordnungsfanatiker. Wenn Sie in den Spielkarten nachsehen, werden sie im Pik diese Eigenschaften wieder finden.

● **Erde** ist der feste Halt, die Materie, der Boden, auf dem wir stehen, die Nahrung, die wir essen, der Besitz, den wir erwerben. Alles handfeste

Handeln, alle praktischen Tätigkeiten sind erdhaft. In der materiellen Wirklichkeit ist irdischer Besitz Reichtum, und so steht denn das Element Erde auch für Handlungen, die den Erwerb von Gütern zum Ziel haben, für Geld, Geschäfte und Beruf.

Sie finden in den Spielkarten hier das Karo wieder, das sich mit all den Themen, die sich um Karriere und Finanzen ranken, beschäftigt.

Den vier Elementen sind auch die vier Himmelsrichtungen zugeordnet, das sollten Sie bei der Talismanherstellung berücksichtigen.

- Osten entspricht der Luft.
- Süden entspricht dem Feuer.
- Westen entspricht dem Wasser.
- Norden entspricht der Erde.

Talisman der vier Elemente

Fertigen Sie sich einen Talisman, der die Kräfte der vier Elemente wiedergibt. Sinnvoll ist ein viergeteilter Kreis, dessen linkes oberes Viertel die Luft, das untere Viertel das Feuer, das rechte obere Viertel das Wasser und das untere Viertel die Erde darstellt. Der Talisman sollte groß genug sein, um in den einzelnen Segmenten die Spielkarten auslegen zu können. Nehmen Sie also Zeichenpappe von mindestens DIN-A3-Format. Wie immer in der Magie ist das besonders wirkungsvoll, womit Sie sich intensiv beschäftigen. Also lassen Sie sich bei der Anfertigung Ihres magischen Talismans Zeit, und lassen Sie vor allem Ihre Phantasie spielen. Stellen Sie in den einzelnen Segmenten die vier Elemente mit möglichst vielen ihrer Eigenschaften dar.

Wenn Sie nicht malen oder zeichnen wollen, können Sie auch Collagen aus Fotos und Bildern herstellen.

Magie wirken

Wenn Sie mit den Spielkarten also Magie wirken wollen, dann formulieren Sie zunächst Ihren Wunsch sehr eindeutig. Dann wählen Sie die Karte oder auch mehrere aus, die Ihren Wunsch darstellen.

Wenn Sie sich gegenwärtig das Gelingen eines neuen Vorhabens wünschen, dann ist die Kreuz-Acht sicherlich nicht verkehrt. In welchem Bereich sich aber dieses Vorhaben abspielen soll, legen Sie mit dem Talisman fest.

● Ist es eine neue Beziehung, dann würden Sie sicher das Wasser-Viertel wählen, das die Gefühle betrifft.

● Sollte es ein berufliches Vorhaben sein, wählen Sie den grünen Erdbereich usw.

Die Wege, wie sich Wünsche erfüllen, sind manchmal sehr eigenartig; darum formulieren Sie vorsichtig, und seien Sie achtsam, wenn Sie den Wunsch abgeschickt haben.

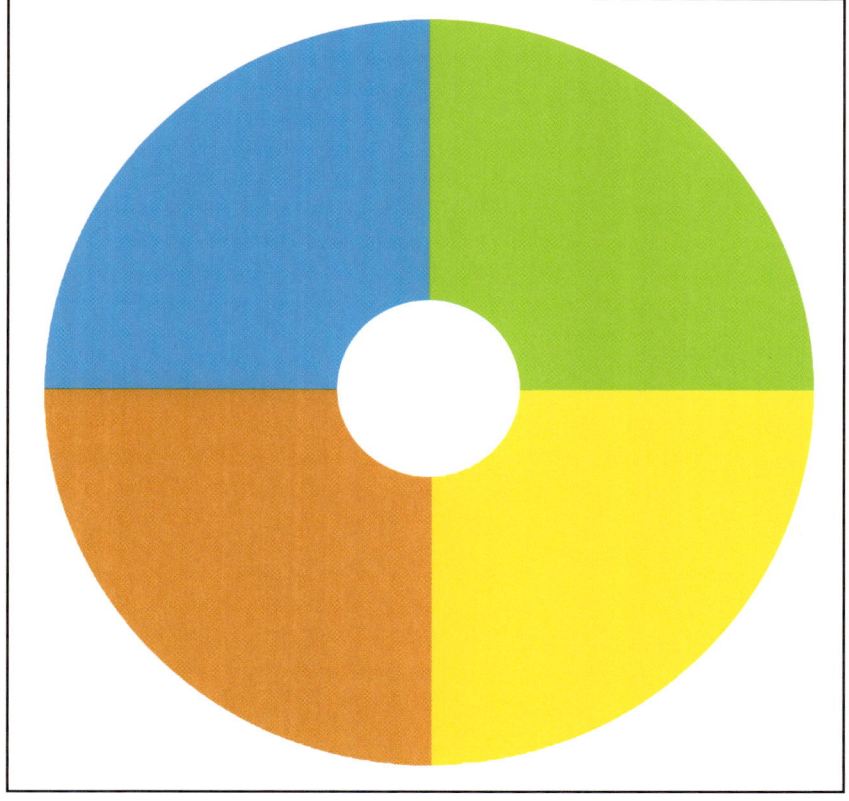

Der Talisman symbolisiert die Kräfte der vier Elemente: Das Viertel links oben stellt die Luft dar, das Viertel links unten das Feuer, das Viertel rechts oben das Wasser und das Viertel rechts unten die Erde.

Ein Ritual für die Entspannung

In das gewählte Feld legen Sie nun Ihre Karte oder die Karten, die Ihren Wunsch darstellen, und dann sollten Sie ein kleines Ritual durchführen, mit dem Sie diesen bildlichen Wunsch an die Welt der Schwingungen abgeben. Mit Kerzenlicht und etwas Räucherwerk sorgen Sie dafür, dass Ihnen eine tiefe Entspannung möglich ist, und in diesem Zustand stellen Sie sich vor, wie ein strahlend helles Licht von Ihnen ausgeht und den Talisman mit Ihrer Energie auflädt.

Loslassen und vergessen

Und dann kommt das Wichtigste überhaupt: Wenn Sie das Gefühl haben, dass Ihr Wunsch an die Welt der Schwingungen weitergegeben worden ist, dann lösen Sie sich von ihm. Versuchen Sie ihn so weit wie möglich zu vergessen.

Der Talisman allerdings bleibt so erhalten, bis sich der Wunsch erfüllt hat. Daher sollten Sie ihn, wenn die Erfüllung etwas auf sich warten lässt, am besten unter einen einfachen Rahmen legen, damit nicht plötzlich die gewünschte neue Partnerschaft lediglich eine Geschäftsbeziehung wird, weil die Karte aus dem Gefühlsbereich in den materiellen gerutscht ist.

Wünsche sind bildgewordene Gedankenmacht und eine Form von Energie, die in unserer sichtbaren Welt Gestalt annehmen kann.

Wie sich Wünsche erfüllen

Haben Sie Ihren Wunsch losgelassen, sollten Sie in der folgenden Zeit immer mal wieder darauf achten, ob sich nicht seltsame Zufälle ergeben. Wünsche erfüllen sich häufig auf äußerst unerwartete Weise, und wenn man nicht darauf achtet, geht die Chance ungenutzt vorüber. Achten Sie auch auf Ihre Träume, denn oft zeichnen sich Lösungen in ihnen ab, oder Sie finden Hinweise, denen es sich lohnt nachzugehen.

Vor allem aber sollten Sie wissen: Magie funktioniert. Und zwar recht buchstabengetreu. Also seien Sie vorsichtig und bedachtsam mit allem, was Sie sich wünschen!

Risiken und Nebenwirkungen

Das Befragen eines Orakels ist nie ohne Risiken und Nebenwirkungen. Diese müssen nicht dramatisch sein, aber man sollte wenigstens wissen, was geschehen kann – oder auch nicht geschehen kann. Zu den sicher problematischsten Nebenwirkungen gehören Abhängigkeit und Selbstbetrug. Aber es gibt auch Phasen, in denen die Karten nicht oder nicht zufrieden stellend antworten.

Halten Sie sich nicht buchstabengetreu an die Formulierungen, werden Sie selbst – bezogen auf Ihre Frage – kreativ.

Unsinnige Antworten

Es kann durchaus vorkommen, dass Sie unbefriedigende Antworten bekommen. Es gibt mehrere Ursachen dafür.

Mehrere Deutungsmöglichkeiten

Denken Sie immer wieder daran: Die Deutungen in diesem Buch können nur Vorschläge sein. Auf Ihre höchstpersönliche Frage müssen Sie die richtige Lesart selbst herausfinden. Wenn Sie etwa die Karo-Acht im 21. Haus oder dementsprechend zusammen mit der Kreuz-Sieben vorfinden und mit der Aussage: »Sie springen für einen Redner ein oder leiten eine Diskussion« (siehe Seite 65) überhaupt nichts anfangen können, dann gehen Sie zurück zu dem ursprünglichen Kräftepaar. Die Kreuz-Sieben steht für die Kommunikation, die Nachricht; die Karo-Acht für das Erbe, die Hinterlassenschaft oder Nachfolge. Die einfache Lesart heißt dann »Nachricht durch Erbe«. Das ist viel zu abstrakt, Sie müssen es auf Ihre konkrete Fragestellung beziehen. Natürlich kann auch gemeint sein, dass Sie in einem Testament eine wichtige Nachricht finden, durch einen Erbschaftsfall ins Gerede kommen oder im unaufgeräumten Schreibtisch, den Ihnen Ihr Vorgänger hinterlassen hat, wichtige Nachrichten nicht mehr vorfinden. Wegen der vielfältigen Deutungsmöglichkeiten sind Sie immer gefordert, auch Ihre Intuition bei der Auslegung der Karten mit einzubringen.

Ungereimtheiten

Ergibt sich auch trotz kreativen Kombinierens absolut kein Sinn, dann könnte Ihre Frage nicht eindeutig genug gestellt gewesen sein, oder Sie waren beim Auslegen der Karten abgelenkt. Mischen Sie noch mal, und legen Sie sie neu aus. Kommt auch beim zweiten Legen nur ungereimtes Zeug heraus, dann sollten Sie für die Frage, die Sie im Augenblick bewegt, einen anderen Zeitpunkt wählen. Manchmal trifft es sich, dass uns der Zufall selbst davor schützt, ihm in die Karten zu schauen.

Selbstbetrug?

»Denn, so schließt er messerscharf, dass nicht sein kann, was nicht sein darf!«, sagt Wilhelm Busch. Seien wir ehrlich: Es gibt Ratschläge oder Warnungen, die wir einfach nicht hören wollen. Versuchen Sie mal einer frisch verliebten Freundin klarzumachen, dass ihr neuer Held ein mieser Hund ist, der sie nur schamlos ausnutzt. Gegen eine massive Betonwand reden würde das gleiche Ergebnis bringen.

Ähnlich ergeht es manchmal auch den Karten. Sie legen die Pik-Dame ins 5. Haus oder dementsprechend zusammen mit der Herz-Sieben und erfahren: »Ein Problem löst sich, wenn Sie sich entschuldigen« (siehe Seite 80). Aber das Letzte, was Sie wollen, ist sich entschuldigen. Was für ein dummer Rat! Alle Hinweise, die das Aufgeben von Bequemlichkeit, ein Opfer oder eine Veränderung verlangen, werden ungern gehört. Sogar Warnungen möchte man lieber schönfärben.

Selbsterziehung zur Ehrlichkeit

Sehr wirkungsvoll zur Ehrlichkeit sich selbst gegenüber erzieht das Aufschreiben der Deutungen mit Datum und Stichwort zum entsprechenden Thema. Prüfen Sie in regelmäßigen Abständen, was inzwischen

Wenn Sie aus Angst vor einer Karte etwas schöndeuten, sollten Sie einmal gründlich über die Ursache dieser Angst nachdenken – auch wenn es unbequem ist.

Erliegen Sie nicht der Versuchung, in einer Schwächephase oder Krise blind dem Orakel der Karten zu folgen. Die Entscheidung in Ihrem Leben kann Ihnen keiner abnehmen.

tatsächlich eingetreten ist (oder nicht). Gleichzeitig haben Sie die Möglichkeit, mit dieser Methode herauszufinden, welche Bedeutung die Karten für Sie persönlich haben.

Abhängigkeit?

Legen Sie sich die Karten nicht zu jedem alltäglichen Problem, viele Schwierigkeiten kann man auch ganz pragmatisch lösen.

Ein weiteres Risiko, das bei der Benutzung der Spielkarten als Ratgeber und Orakel zu bedenken ist, ist, dass der Fragestellende abhängig wird. Diese Gefahr sollte keinesfalls unterschätzt werden, denn vor allem unsichere, wankelmütige und entschlussschwache Menschen erliegen ihr allzu leicht.

Kartenbefragung mit Augenmaß

Viele alltägliche Angelegenheiten können wir jederzeit mit unserem gesunden Menschenverstand, nach Neigung oder aufgrund von logischen Schlussfolgerungen entscheiden. Zu diesem Zweck sind uns unsere Sinnesorgane gegeben und ein überaus gut funktionierender Verstand. Erst wenn die wirkenden Kräfte für uns nicht mehr durchschaubar werden, wenn es vielleicht sogar so schlimm kommt, dass wir das Gefühl haben, Spielball unbekannter, feindseliger Mächte zu sein oder in einem Irrgarten zu taumeln, brauchen wir das zusätzliche Potenzial, das in unserem Unbewussten liegt und sich durch das Mischen und Legen der Karten befragen lässt.

Sicherlich werden Sie in der ersten Zeit häufig die Karten zu allen möglichen Themen legen. Das ist auch richtig so und hilft Ihnen, die Sprache der Karten zu erlernen und zu verstehen. Wenn Sie jedoch genügend Praxis haben, sollten Sie wirklich nur noch bei wichtigen Angelegenheiten das Orakel befragen, damit Sie sich seinen Wert und Ihre Entschlusskraft erhalten.

Die Karten tragen keine Verantwortung, sie sind nur Vermittler zwischen Ihnen und Ihrem Unbewussten.

Eigenverantwortung anerkennen

Ganz und gar vermeiden müssen Sie es, die Karten zum Sündenbock zu stempeln! »Aber die Karten haben mir doch geraten, das und das zu tun!« – sich auf diese Weise aus der Affäre ziehen zu wollen, wenn etwas danebengeht, ist überhaupt nicht zulässig. Mit den Karten befragen Sie nämlich Ihr Unbewusstes. Also: Wer hat Ihnen den Rat erteilt? Und wer hat daraufhin gehandelt? Sie! Selbstverantwortung und Eigeninitiative hat ein Orakel noch niemals in der ganzen Menschheitsgeschichte dem Fragenden abgenommen.

Sich selbst erfüllende Prophezeiungen

Die entgegengesetzte Gefahr des Kartenlegens – wie auch anderer Orakel – ist die unumstößliche Tatsache, dass sich manche Dinge erst deshalb ereignen, weil man sie erwartet hat. Das ist selbstverständlich begrüßenswert, wenn die eingetretenen Ereignisse positiver Natur sind; das ist jedoch fatal, wenn es sich um Unfälle, Katastrophen, Streit oder Depressionen handelt. Negative Prophezeiungen erfüllen sich selbst, wenn wir es zulassen, dass die Angst vor einer unangenehmen Entwicklung Besitz von uns ergreift.

Warnung als Chance begreifen

Bedenken Sie bitte auch bei negativen Prognosen, dass das Abbild der Karten die Kräfte so widerspiegelt, wie sie sich aus der augenblicklichen Situation ergeben.

- Wenn Ihnen eine Warnung übermittelt wird, haben Sie immer die Chance, die drohende Gefahr abzuwenden oder den Schaden zumindest gering zu halten.

Benutzen Sie Ihr Wissen nie, um andere zu manipulieren, und geben Sie es keinesfalls an Dritte weiter!

- Der freie Wille wird Ihnen durch das Schicksalsbild in den Karten nicht genommen.
- Befragen Sie nötigenfalls am folgenden Tag noch einmal die Karten zu diesem Thema.
- Befragen Sie sich vor allem selbst!

Kartenlegen für andere

Bislang bin ich davon ausgegangen, dass Sie zunächst die Karten für sich selbst legen wollen. Das ist, wenn man beginnt sich mit dem Orakel zu beschäftigen, die beste Methode, um es zu verstehen, Routine zu gewinnen und sein Fingerspitzengefühl in der Deutung zu intensivieren.

Aber über kurz oder lang kommt die erste Kollegin, der erste Freund und fragt nach, ob Sie nicht auch mal eben wegen dieses brennenden Problems die Karten …

Und wer sind Sie, dass Sie dem Unglücklichen nicht helfen wollten!

Dabei gibt es ein paar Dinge zu beachten:

- Der Fragesteller nennt sein Thema.
- Sie helfen gegebenenfalls bei der Formulierung der Frage.
- Das Legesystem bestimmen Sie.
- Wer fragt, der mischt.
- Sie fächern auf.
- Der Fragesteller zieht mit der linken Hand.
- Sie legen und decken auf.
- Sie deuten.

Die Deutung ist jetzt wirklich eine Mischung aus Können und Intuition. Wenn Sie einfach die Bedeutung der Karte nennen, bringt das Ihr Gegenüber nicht viel weiter, denn auch für ihn haben die Karten eine persönliche Bedeutung. Wenn Sie den Karo-König finden, muss der Fragesteller ihn personifizieren. Wenn er keine Mutter, also Kreuz-Dame, mehr hat, dann fragen Sie ihn nach einer mütterlichen Person. Und beziehen Sie immer die Grundbedeutung der Karte auf die Frage, die gestellt wurde.

Ein wenig verfänglich wird es, wenn unangenehme oder gar kränkende Wahrheiten ans Licht kommen. Respektieren Sie unbedingt die Privatsphäre des anderen, dringen Sie in pikanten Fällen nicht taktlos tief in das Thema ein.

Sensibler Umgang mit Warnungen

Warnungen müssen Sie sicher aussprechen, aber achten Sie dabei auch darauf, welche Reaktionen Ihr Gegenüber zeigt, die je nach Typ, Alter und Geschlecht ziemlich unterschiedlich ausfallen können. Fangen Sie mit vorsichtigen Formulierungen an. Stößt der Hinweis auf eine Gefahr auf taube Ohren, versuchen Sie es mit etwas deutlicheren Worten. Aber sagen Sie bitte auf keinen Fall sofort beim Blick auf die Karten: »Ei, ei, Ihr Mann geht fremd!«

Am besten stellen Sie sich immer wieder vor, wie es Ihnen im umgekehrten Fall ergehen würde. Vertragen Sie es, wenn Ihnen jemand – vielleicht noch, wenn Ihre gegenwärtige Gemütsverfassung nicht die allerbeste ist – auf den Kopf zusagt: »Da droht aber Verhaftung, ein offizielles Verbot oder Ausweisung!«?

Und vergessen Sie eines nicht: Beim Kartenlegen für andere Personen sind die gleichen Risiken und Nebenwirkungen zu bedenken, denen Sie selbst ausgesetzt sind (siehe Seite 88ff.). Handeln Sie deshalb als verantwortungsvoller Mensch taktvoll und umsichtig, sonst kann es sehr leicht geschehen, dass Sie später mit dem schwarzen Peter, dem Pik-Buben, dastehen.

Viel Spaß beim Mischen, Legen und Deuten – und möge Ihnen das Schicksal immer gewogen bleiben.

Zum Kartenlegen für andere gehört Fingerspitzengefühl, Takt und Diplomatie, manchmal aber auch schonungslose Offenheit. Seien Sie sensibel dem Frager gegenüber.

Impressum
© 2000 W. Ludwig
Buchverlag, München,
in der Econ Ullstein List
Verlag GmbH & Co. KG,
München
Alle Rechte vorbehalten.
Nachdruck – auch auszugs-
weise – nur mit Genehmi-
gung des Verlags.

Redaktion:
Thomas May

Projektleitung:
Berit Hoffmann,
Christine Seidel

Redaktionsleitung:
Dr. Reinhard Pietsch

Bildredaktion:
Gabriele Feld

Umschlag:
Till Eiden

DTP:
Wolfgang Lehner,
München

Produktion:
Manfred Metzger (Leitung),
Annette Aatz,
Dr. Erika Weigele-Ismael

Druck:
Weber Offset, München

Bindung:
R. Oldenbourg, München

Gedruckt auf chlor- und
säurearmem Papier
Printed in Germany

ISBN 3-7787-3810-0

Über die Autorin

Die Beschäftigung mit esoterischen Themen liegt bei Susann Redlin in der Familie. Ihre Kenntnisse über die unterschiedlichsten Orakelmethoden vertiefte sie auf ausgedehnten Reisen und in Gesprächen mit Hexen und Schamanen.

Hinweis

Das vorliegende Buch ist sorgfältig erarbeitet worden. Dennoch erfolgen alle Angaben ohne Gewähr. Weder Autorin noch Verlag können für eventuelle Schäden, die aus den im Buch gemachten Hinweisen resultieren, eine Haftung übernehmen.

Literaturhinweise

Skafte, Dianne: Die Wiederkehr der Orakel, Knaur 1998
von Lentner, Gerhard: Die hohe Kunst des Kartenlegens, Ariston 1983
Martin, Kevin: Das große Zigeuner-Wahrsagebuch, Heyne 1982
Pajeon, Kala und Ketz: Talismanmagie, Goldmann 1997
Banzaf, Hajo: Das Tarot-Handbuch, Arkana 1998

Bildnachweis

Gettyone Stone, München:
Vor- Nachsatz (Steve Taylor), 9 (Greg Pease), 9 (Martin Barraud);
Sperl Siegfried, München: Titel / Fond, Titel / Einklinker;
Südwest Verlag, München: 86 (Benny Krüger);
Visum, Hamburg: 17 (Gerhard Krewitt)

Register